Frauke Rostalski

Die vulnerable Gesellschaft

Vorwort zur erweiterten Neuauflage

Liebe Leserin, lieber Leser,

es gibt Kinder und Jugendliche, für die Mathematik in der Schule ein Angstfach ist, vor allem wegen der »schlechten« Benotungen. Das gilt sowohl für Schülerinnen und Schüler in der Grundschule als auch in weiterführenden Schulen. Oft werden sie nicht nur mit unbefriedigenden Noten bedacht, sondern auch mit Vorwürfen überhäuft, wie Mangel an Konzentration, Faulheit oder Dummheit. Dies kann schließlich dazu führen, dass sich ein Kind als völliger Versager fühlt. Diese Vorwürfe gehen aber an den wahren Gründen vorbei. Verantwortlich für die Probleme sind in der Regel ein unzureichendes Verständnis für mathematische Zusammenhänge und Gesetzmäßigkeiten und ein daher nutzloses, fortdauerndes Üben von nicht begriffenen Rechenoperationen.

Viele Eltern versuchen deshalb, die Rechenschwierigkeiten (RS) ihres Kindes durch verstärkte Hilfen bei den häuslichen Schulaufgaben aufzufangen. Sie kommen damit den häufig anzutreffenden Erwartungen der Lehrkräfte entgegen, deren Argumentation von fehlender Zeit für das einzelne Kind aufgrund zu großer Klassenstärken bis hin zu unzureichender Ausbildung im mathematisch-didaktischen Bereich reicht. Tatsächlich ist festzustellen, dass vielerorts vor allem im

Anfangsunterricht immer noch Lehrerinnen und Lehrer ohne eine entsprechende universitäre Ausbildung Mathematikunterricht erteilen. Es muss deshalb nicht verwundern, dass ein großer Teil der Schülerinnen und Schüler schon in der Grundschule in bestimmten mathematischen Bereichen Verständnisprobleme hat, obwohl sie als »normale Lerner« gelten, die einen temporären Lernrückstand zum aktuellen Unterrichtsstoff haben.

Der Anteil der Eltern, die für ihre Kinder eine zusätzliche schulische oder außerschulische Förderung für das Fach Mathematik suchen, ist erheblich und größer als für andere Fächer. So liegt nach den Ergebnissen einer Studie der Bertelsmann-Stiftung 2016 zum Nachhilfeunterricht in Deutschland das Fach Mathematik mit 61 Prozent der Nennungen an der Spitze der Schulfächer, bei denen ein Nachhilfebedarf vermutet wird, gefolgt von Fremdsprachen und Deutsch. Setzt eine Nachhilfe jedoch nicht am individuellen Lernstand des Kindes an, um die notwendige mathematische Kompetenz zu vermitteln, so kann sie nicht erfolgreich sein. Im Gegenteil, die geforderten mathematischen Einsichten werden sich weiter verringern und die Frustrationen des Kindes steigen.

Eltern von Kindern mit Rechenschwierigkeiten werden oft dadurch verunsichert, dass in den unterschiedlichsten Publikationen verschiedene Begriffe verwendet werden, die häufigsten sind »Dyskalkulie/Rechenschwäche/Rechenstörung«. Als Ursachen werden immer wieder neurobiologische oder genetische Faktoren genannt, so z. B. im Elternmagazin *Leben & Erziehen* (Heft 10/2015, S. 36). Selbst Tageszeitungen wie die FAZ berichten, dass es sich bei Rechenschwäche »um eine genetische Veranlagung (handele), die weder ein Lerninstitut noch ein Lehrer ohne Weiteres diagnostizieren könne« (FAZ, 16.5.2014, S. 40). Auch im Internet werden unterschiedlichste Thesen vertreten. So erklärt z. B. der Bundesverband BVL Legasthenie & Dyskalkulie e. V. 2017 auf seiner Website: »Die Forschung geht von einer Verbindung unterschiedlicher Faktoren aus, aus der sich die Rechenstörung entwickelt. Dies sind unter anderem: der genetische Faktor, (...), der neurologische/neurobiologische Faktor bestimmter Gehirnregionen (...)«

Meine wissenschaftliche und vor allem praktische Arbeit belegt, dass eine Förderung bei allen Kindern mit RS auf den mathematisch-didaktischen Grundsätzen dieses Ratgebers beruhen sollte. Diese Förderung knüpft an den individuellen Stärken und Schwierigkeiten von Kindern an und bezieht ihr Umfeld mit ein. Kinder, die Schwierigkeiten im Rechnen haben, benötigen stets eine längere und intensive Förderung. Für mich steht deshalb fest, dass jedes Kind rechnen lernen kann!

Bei der Förderung von Kindern mit Rechenschwierigkeiten konnte ich bei meinen Therapien keine geschlechtsspezifischen Unterschiede feststellen. Allerdings war der Anteil der Mädchen an den Therapien größer als derjenige der Jungen. Das stimmt mit einer Feststellung des Berliner Instituts zur Qualitätsentwicklung im Bildungswesen überein, wonach – im Gegensatz zum allgemeinen schulischen Erfolg – im Fach Mathematik »Buben schon in der Grundschule besser sind (...) als Mädchen«. (*Süddeutsche Zeitung* vom 17.07.17, S. 24: »Mehr Buben ohne Abschluss«).

Bei Mädchen wie bei Jungen ist beim Lernen zu berücksichtigen, dass ein Großteil der Rechenfehler auf falsch verstandene Lösungsstrategien zurückgeht. Es ist nicht so, wie vielfach behauptet wird, dass Kinder mit Rechenschwierigkeiten nicht richtig denken können. Ihre Denkstrategien beruhen allerdings nicht auf der Grundlage des im Laufe der Jahrhunderte entwickelten mathematischen Wissens, auf das in den Lehrplänen der Schulen zurückgegriffen wird. Vor allem die arithmetischen Inhalte sind es, die viele Kinder im Unterricht aus unterschiedlichen Gründen nicht begreifen.

Darauf weisen auch neuere Erhebungen der TIMSS-Studie (*Trends in International Mathematics and Science Study*) für die Grundschule hin. Danach verschlechterten sich die deutschen Viertklässler nicht in den Bereichen Umgang mit Daten und Geometrie/Messen. Aber »große Probleme macht ihnen dagegen die Arithmetik, also das Rechnen mit Zahlen« (»Deutsche Grundschüler schwächeln in Mathe«, SZ, 29.11.16).

Fehlende Erfolgserlebnisse führen bei Kindern zu mangelnder Motivation, schwindendem Interesse am Mathematikunterricht und zu einem immer geringer werdenden Selbstwertgefühl.

Im vorliegenden Ratgeber wird grundsätzlich der Begriff Rechenschwierigkeiten (RS) verwendet und nicht die Begriffe wie Dyskalkulie, Rechenschwäche oder Rechenstörung. Dabei bezieht sich RS auf den Entwicklungsrückstand eines Kindes bezüglich seiner mathematischen Kompetenz. Es werden fachlich fundierte Informationen und erprobte Hilfestellungen gegeben, die es vor allem betroffenen Eltern (bzw.

geeigneten Dritten) ermöglichen, Rechenschwierigkeiten erfolgreich vorzubeugen bzw. ihnen gezielt zu begegnen.

Aber auch anderen Erwachsenen, die in der schulischen oder außerschulischen Förderung tätig sind, bietet der Ratgeber fachlich fundierte, in der Praxis erprobte mathematisch-didaktische Hinweise und konkrete Übungsangebote. Für Lehrkräfte der Grund- und Sekundarstufe 1 habe ich 2014 im Praxisbuch *Rechenschwierigkeiten erkennen und bewältigen* (Beltz) detaillierte Hilfen für den Regel- und Förderunterricht veröffentlicht.

Ich verwende einen pädagogisch-entwicklungspsychologischen Ansatz, bei dem die Förderung der mathematischen Kompetenz im Zentrum steht. Der Ratgeber unterscheidet sich damit grundlegend von anderen, die sich auf medizinisch orientierte Ansätze berufen und bei denen Trainings zur Behebung von Wahrnehmungsstörungen und Teilleistungsschwächen oder ein stures Pauktraining eine wesentliche Rolle spielen.

Die Professorin für Mathematikdidaktik Miriam Lüken wurde 2014 in der ZEIT zitiert mit der Meinung, »dass Rechenschwächen vor allem durch schlechten Unterricht entstehen. (...) Mit gezielter Förderung lässt sich das schnell lösen.« Den Begriff Dyskalkulie lehnt sie ab – »er klinge wie eine unheilbare Krankheit« (www.zeit.de/2014/38/dyskalkulie-mathematik-krankheit?).

Das vorliegende Buch behandelt wichtige Fragestellungen, die in der Gliederung aufgeführt sind. Die Antworten werden in fachlicher und vor allem für Eltern in bisher einmalig ausführlicher Form verständlich und nachvollziehbar gegeben.

Ergänzt werden sie durch erläuternde Fallbeispiele aus meiner praktischen Arbeit.

In dieser erweiterten Neuausgabe der ersten beiden Auflagen von 2010 und 2011 erläutere ich ausführlich die schriftliche Multiplikation und die Division und stelle sie zusätzlich mit Spielgeld in Stellenwerttafeln dar. Ergänzend aufgenommen wurde auch das Thema Spielen. Zu einzelnen mathematischen Themen sind zusätzlich Aufgabenbeispiele mit fehlerhaften Berechnungen aus Klassenarbeiten von Kindern mit RS eingefügt worden.

Am hilfreichsten ist der Elternratgeber, wenn Sie ihn ab Beginn schrittweise mit Ihrem Kind durcharbeiten. Es ist aber auch möglich, unabhängig von der vorgegebenen Reihenfolge, einzelne Themen mithilfe der jeweils in Klammern eingefügten Bezugshinweise durchzuarbeiten.

Entwicklung und Verhaltensmuster Ihres Kindes

Rechenschwierigkeiten entstehen nicht über Nacht. Sie haben immer eine Geschichte, die oftmals bis in die Zeit um den Schulanfang zurückreichen kann. Sie fallen jedoch oft erst in der zweiten oder dritten Klasse, manchmal sogar erst in höheren Klassen auf.

Besonderheiten in der Vorschulzeit und im Anfangsunterricht

Schon in der Vorschulzeit kommen Kinder in vielfältiger Form mit Zahlen und dem Rechnen mit ihnen in Berührung. Daher können viele Vorschulkinder schon die Zahlwortreihe (eins, zwei, drei, vier, ...) aufsagen und im Zahlenraum bis zehn und darüber hinaus zählen. Einige Kinder können bereits einfache Additionen und Subtraktionen rechnen. Nach neueren Untersuchungen (Weißhaupt et al. 2006) entwickeln sich Vorschulkinder mit guten Vorkenntnissen meist auch zu guten Rechnern in der Grundschule. Es gibt aber auch Kinder, die den Umgang mit Zahlen meiden und daher geringe Vorkenntnisse haben.

Solche Kinder gehen Spielen wie Memorys, Puzzles oder Würfelspielen aus dem Wege, die die Denk- und Lernentwicklung unterstützen. Wieder anderen Kindern fallen Ball- und Fingerspiele oder das Hüpfen und Springen schwer, Fertigkeiten, die für die Ausbildung der Grob- und Feinmotorik wichtig sind. Verzögerungen in der Entwicklung eines Kindes können ihre Ursache aber auch in einer komplizierten Geburt, schweren Erkrankungen oder seelischen Belastungen haben, wie den Verlust eines Familienangehörigen oder die Trennung der Eltern. Eine verlangsamte Sprachentwicklung kann dazu beitragen, dass ein Kind später den schulischen Anweisungen nur unzureichend folgen kann oder Verständnisprobleme bei Textaufgaben entwickelt.

Wenn eine oder mehrere der erwähnten Besonderheiten vorliegen, so sollten Sie Ihr Kind genauer beobachten und überlegen, wie Sie diese ausgleichen können oder ob Sie es gegebenenfalls Fachleuten vorstellen. Hat ein Kind Probleme, so gibt es dafür meist berechtigte Gründe, die es herauszufinden gilt. Diese können, müssen aber nicht, Hinweise auf spätere Lernschwierigkeiten geben. Das zu beurteilen ist nicht leicht, denn es gibt Kinder, bei denen solche oder ähnliche Besonderheiten in der Entwicklung beobachtet wurden, die später keinerlei Rechenprobleme hatten.

Besonders der Anfangsunterricht in der Schule sollte dem Entwicklungsstand des Kindes angepasst sein, damit es die ihm im Unterricht gestellten Aufgaben selbstständig lösen kann. Aber bereits während des Anfangsunterrichts ist es durchaus üblich, dass Eltern ihrem Kind bei den Hausaufgaben helfen, weil es seine Aufgaben nicht allein bewältigt. Das kann u. a. damit zusammenhängen, dass im Rechenunterricht zu wenig geeignetes Anschauungsmaterial (Steinchen, Plätt-

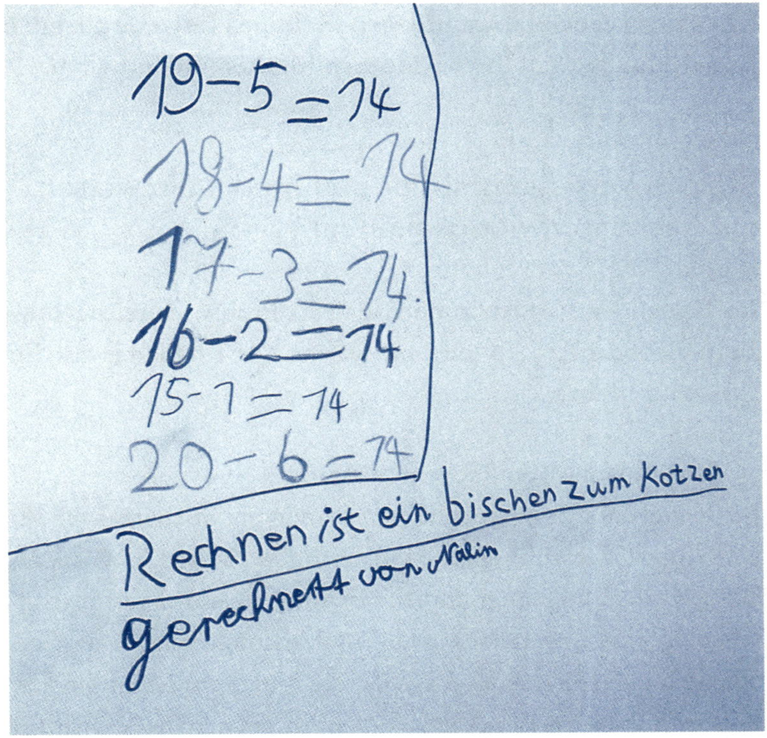

chen, Perlenketten) zur Verfügung steht. Für einige Kinder wird das Rechnen mit Zeichen und Symbolen (Ziffern, Plus- und Minuszeichen, Gleichheitszeichen) ohne Unterstützung durch konkretes Anschauungsmaterial zu früh eingeführt. So können sich Verständnisschwierigkeiten entwickeln, die sich rasch vergrößern. Das ist besonders dann der Fall, wenn in der Schule bereits im Anfangsunterricht Kinder unter Zeit- und Leistungsdruck gesetzt sind und zusätzliches Üben des Unterrichtsstoffs durch das Elternhaus erwartet wird. Im weiteren Verlauf der Schulzeit können Sie aus Ihren Erfahrungen beim

Üben und bei den Hausaufgaben wichtige Hinweise über den Entwicklungsstand Ihres Kindes in Mathematik erhalten.

Welche Verhaltensmuster und Merkmale weisen auf Rechenschwierigkeiten hin?

Im Folgenden werden zunächst neun Problembereiche skizziert. Beobachten Sie, ob und welche der Probleme auf Ihr Kind zutreffen:

1. Vermeiden von Rechenübungen

Im Gegensatz zum Verhalten in anderen Fächern will Ihr Kind nur widerwillig seine Hausaufgaben in Mathematik erledigen oder zusammen mit Ihnen üben. Wenn es nur irgendwie möglich ist, weicht es jeder Beschäftigung mit Zahlen aus oder erfindet irgendeine Ausrede, die ihm gerade einfällt. Oft fällt es ihm beim Bearbeiten einer Aufgabe schwer, sich für eine der Vorgehensweisen, die es in der Schule gelernt hat, zu entscheiden. Deshalb probiert es verschiedene Wege aus. Es fehlen ihm Entscheidungskriterien, an die es sich halten kann, weil es die notwendigen Rechenwege zur Lösung einer Aufgabe nicht wirklich begriffen hat. Ihr Kind bedarf deshalb zusätzlicher Aufforderungen, damit es sich mit seinen Aufgaben konzentriert beschäftigt.

2. Unsicherheit über den Rechenweg

Fehlt Ihrem Kind Sicherheit über den jeweils einzuschlagenden Rechenweg, so genügt bereits ein zustimmendes Nicken oder eine verneinende Kopfbewegung von Ihnen, um einen begonnenen Rechenweg fortzuführen oder einen neuen zu probieren. Ihrem Kind fällt es schwer, selbst zu beurteilen, welcher Weg für die Bearbeitung seiner Aufgabe erfolgreich ist. Dann besteht die Gefahr, dass Rechenverfahren, die in der Schule behandelt wurden, ohne Bezug auf die konkrete Fragestellung rein schematisch angewandt werden, um sicherer zu werden.

3. Ablehnung vorgeschlagener Rechenwege

Umgekehrt kann es aber auch sein, dass Ihr Kind einen von Ihnen vorgeschlagenen Rechenweg mit dem Hinweis ablehnt, dass in der Schule ein anderes Vorgehen behandelt wurde. Natürlich sollten Sie die im Unterricht eingeschlagene Vorgehensweise einhalten, wie sie aus dem Mathematikbuch oder dem Schulheft des Kindes hervorgeht. Es kann aber sein, dass Ihr Rechenweg abgewiesen wird, weil er nicht mit dem übereinstimmt, was das Kind aus dem Unterricht in Erinnerung behalten, aber nicht genau verstanden hat und aufgrund der Autorität der Lehrerin respektiert.

4. Zurückweisung von Elterntipps

Ein weiteres Indiz für Rechenschwierigkeiten ist, wenn Ihr Kind einerseits Ihre Hilfe sucht, andererseits Ihre Tipps zur Bearbeitung einer Aufgabe ablehnt mit der Bemerkung, dass diese Vorgehensweise in der Schule so nicht gebraucht würde, obwohl Sie sich am Mathebuch und den Heften Ihres Kindes orientiert haben. Diese Zurückweisung zeigt, dass Ihr Kind Ihren Tipp nicht mit seinem Schulwissen in Verbindung bringen und gedanklich verarbeiten kann, obwohl er mathematisch korrekt ist und mit dem Unterricht konform geht.

5. Angst vor dem Rechnen

Sie beobachten bei Ihrem Kind, dass das Rechnen zunehmend mit Ängsten verbunden ist. Die Rechenaufgaben werden von ihm häufig als zu schwer empfunden und können nur mit Ihrer Unterstützung erledigt werden. Ihr Kind bekommt in der Schule nur selten positive Beurteilungen und Ermutigung. Besonders große Ängste zeigt Ihr Kind vor den Klassenarbeiten in Mathematik. Aus Furcht, zu versagen, und vor einer »schlechten« Note stellen sich vor den Arbeiten Bauchschmerzen, Kopfweh oder andere Beschwerden ein.

6. Ständiges Üben ohne Erfolg

Obwohl Sie intensiv und kontinuierlich den schulischen Lernstoff zu Hause mit Ihrem Kind geübt haben, bleibt ein sichtbarer Erfolg aus. Im Gegenteil, Sie sind beide frustriert. Das lässt sich dadurch erklären, dass Ihrem Kind die Grundlage fehlt, auf der es ein ausreichendes und gesichertes Verständnis der geübten Rechenwege erreichen kann. Das führt dann dazu, dass bei der nächsten Klassenarbeit das meiste des mit Ihnen ausgiebig behandelten mathematischen Stoffs wieder vergessen ist und nicht mehr zur Verfügung steht. Die Probleme werden noch verstärkt, wenn Ihr Kind bereits Ängste vor dem Fach Mathematik entwickelt hat.

7. Erfolgloser Nachhilfeunterricht

Auch regelmäßiger Nachhilfeunterricht durch Dritte bringt in vielen Fällen keine nachhaltige Verbesserung der schulischen Leistungen, da eine Nachhilfe in der Regel die Ursachen nicht behebt. Grund dafür ist, dass bei einer Nachhilfe lediglich der aktuelle Schulstoff – vielleicht in kleineren Schritten – wiederholt wird und die im Schulunterricht gerechneten Aufgaben nochmals geübt werden. So besteht die Gefahr, dass das im Unterricht nicht Verstandene noch verfestigt wird. Das bedeutet, dass vor dem Üben der aktuellen Rechenaufgaben Inhalte aus vorangegangenen Schuljahren wiederholt, schrittweise erschwert und komplexer gestaltet werden müssen.

8. Leidensdruck Ihres Kindes

Nicht nur das Kind, sondern auch die Eltern leiden unter dem Stress, der sich durch die Schwierigkeiten mit dem Rechnen ergibt. Das Kind erlebt nicht nur die ständige Enttäuschung seiner Eltern, sondern es leidet unter den Reaktionen seiner Lehrkräfte, Mitschüler und Freunde. Leben in der Familie noch Geschwister ohne Probleme im Rechnen, kann es zu Rivalitäten kommen, die das Selbstwertgefühl des »Problem«-Kindes zusätzlich negativ verstärken.

9. Besonders auffälliges Verhalten oder Rückzug

Kritisch wird es, wenn Ihr Kind von seinen schulischen Misserfolgen durch besonders auffälliges Verhalten oder Rückzug abzulenken versucht. Ein Kind, das sich im Mathematikunterricht ständig überfordert fühlt, empfindet sich häufig als Versager gegenüber seiner schulischen und häuslichen Umwelt und sucht Auswege, um erfolgreich dazustehen. So kann ein Kind versuchen, das Rechnen durch Blödeleien anderen gegenüber als unwichtig darzustellen, oder es gibt mit seinen Erfolgen auf Gebieten an, die ihm leichtfallen. Auch eine überbetonte Rechthaberei kann dazu dienen, eigene Schwächen zu überdecken. Das konträre Verhalten, sich in der Schule und/oder zu Hause immer mehr zurückzuziehen, ist oft noch gefährlicher, weil es auf die Leistungen in anderen Schulfächern übergreifen kann.

Konsequenz: Haben Sie beim Arbeiten mit Ihrem Kind mehrere der beschriebenen Verhaltensmuster und Merkmale festgestellt, so können dies Hinweise auf Schwierigkeiten im Rechnen sein.

Gibt es charakteristische Merkmale bei Rechenschwierigkeiten?

Die nachfolgenden drei Merkmale gehören zu denjenigen, die charakteristisch für Kinder mit Rechenschwierigkeiten sind.

1. Zählendes Rechnen

Das zählende Rechnen – meist mit Benutzung der Finger – ist für Kinder im Anfangsunterricht naheliegend und sollte auch unterstützt werden. Besucht Ihr Kind aber bereits die zweite oder eine höhere Klasse, so sollte es ein tragfähigeres Verfahren beherrschen. Beim zählenden Rechnen verwenden die Kinder unterschiedliche Vorgehensweisen (Strategien), die einige Kinder sogar von Mal zu Mal wechseln. Ihr Kind ermittelt z. B. das Ergebnis durch vollständiges Auszählen, wenn es beim Addieren, jeweils beginnend mit der ersten Zahl, beide Zahlen mit den Fingern darstellt und einzeln abzählt. Das zählende Rechnen kann auch ohne Verwendung der Finger erfolgen. Anstelle der Strategie des vollständigen Auszählens wird von einigen Kindern die Strategie des Weiterzählens verwendet, wenn vom Kind die erste Zahl schon als Teilmenge erkannt und nicht mehr abgezählt werden muss. Die Vorgehensweisen beim zählenden Rechnen werden im Einzelnen auf Seite 66 ff. beschrieben. Die Hauptnachteile des zählenden Rechnens sind die Fehleranfälligkeit und der Zeitaufwand. Die Vorteile sind, dass es meist schon vor Eintritt in die Schule gelernt wurde, immer in der gleichen Weise erfolgen kann und eine scheinbare Sicherheit vermittelt. Zählende Rechner gibt es auch noch nach der Grundschulzeit. Das trifft vor allem für Aufgaben wie 7 + 8, 16 – 9, d. h. für Aufgaben mit Zehnerübergang (siehe S. 71 ff.) zu. Selbst bei Jugendlichen im Gymnasium, die Schwierigkeiten in Mathematik haben, ist diese Technik zu finden (siehe S. 29).

2. Mechanisches Rechnen von Aufgaben

Beobachten Sie, dass Ihrem Kind bei der Lösung von Rechenaufgaben das Verständnis für die zahlenmäßigen Zusammenhänge – z. B. die Größenordnungen der Zahlen – oder für die einzusetzenden Rechenverfahren fehlt, so können Sie davon ausgehen, dass es mechanisch rechnet. Ihr Kind wendet ein einmal auswendig gelerntes Rechenverfahren rein schematisch an, selbst dann, wenn das Verfahren nicht zu dem vorliegenden Aufgabentyp passt. Das kann z. B. dazu führen, dass Ihr Kind versucht, von einer kleineren Zahl eine größere Zahl abzuziehen (siehe S. 126 ff.).

Dieses mechanische Rechnen wendet es dann auch bei den Aufgabenserien oder Rechenpäckchen an, die es zum Üben von der Schule als Hausaufgabe mitbekommt. Ob Ihr Kind mechanisch rechnet, stellen Sie fest, wenn es den bei der ersten Aufgabe eingeschlagenen Weg bei den folgenden Aufgaben ebenfalls einsetzt, selbst wenn diese sich unterscheiden. Das ist der Fall, wenn Ihr Kind bei einer Aufgabenserie eine Subtraktionsaufgabe wie 27 – 16 stellenweise, d. h. erst die Zehner und dann die Einer, rechnet, bei einer anderen Aufgabe wie 24 – 15 genauso verfährt und dabei die Einerstellen einfach vertauscht, nämlich 5 – 4 rechnet, da es sonst die Subtraktion noch nicht ausführen kann (siehe S. 92). Diese Vorgehensweise zeigt, dass es die mathematischen Grundlagen und Regeln noch nicht ausreichend begriffen hat.

3. Unverständnis bei Textaufgaben

Ein Kind mit Rechenschwierigkeiten hat in der Regel mit Textaufgaben (einschließlich Sachaufgaben) erhebliche Probleme, selbst wenn es flüssig lesen kann. Das beginnt mit der Schwierigkeit, sich von den in der Aufgabe bezeichneten Vorgängen und Handlungen eine Vorstellung zu machen und die mit der Aufgabe verbundene Fragestellung richtig zu verstehen. Kann Ihr Kind den Inhalt der Aufgabe nicht mit eigenen Worten wiedergeben, so ist dies ein sicheres Zeichen dafür, dass die Fragestellung nicht erfasst wurde. Leider gibt es immer wieder Textaufgaben, die von der Lehrerin nicht eindeutig formuliert wurden und selbst Erwachsenen unverständlich sind. Die Schwierigkeiten bei Textaufgaben betreffen natürlich in erster Linie das Erkennen und Verstehen der anzuwendenden Rechenoperationen und ihre schriftliche Fixierung. Kindern fallen Textaufgaben mit Additionen und Subtraktionen besonders dann schwer, wenn bei den Aufgaben von einer Ausgangssituation, die unbekannt ist, eine Veränderung eintritt, die zu einer Endsituation führt.

Beispiel: Im Schwimmbecken spielen Kinder. Drei Kinder müssen früher nach Hause. Deshalb sind nun nur noch fünf Kinder im Becken. Wie viele Kinder waren es vorher? Hier muss Ihr Kind erkennen, wie groß die Anzahl der Kinder in der Ausgangssituation ist, wenn drei Kinder weggehen und die anderen bleiben.

Das Textverständnis spielt darüber hinaus eine wichtige, oft unterschätzte Rolle. Das gilt zum einen für Kinder, die Verständnisprobleme in Deutsch haben, zum anderen aber auch für deutsche Kinder, wenn der Inhalt der Aufgaben nicht aus ihrem Erfahrungsbereich stammt oder ungewohnte Formulierungen enthält. Sind die verwendeten mathematischen Begriffe und Definitionen (z.B. Summe, Differenz, gerade und ungerade Zahl, Größer- und Kleiner-Beziehungen) Ihrem Kind nicht geläufig, so sind Schwierigkeiten vorprogrammiert.

Konsequenz: Wenn Sie bei Ihrem Kind Anzeichen für die obigen charakteristischen Merkmale feststellen können, so liegen bereits Schwierigkeiten im Rechnen vor.

Ein weiteres Charakteristikum bei Rechenschwierigkeiten besteht darin, dass sie in vielen Fällen erst nach der Grundschulzeit diagnostiziert werden. In dem folgenden Beratungsgespräch mit Marens Eltern zeigte sich, dass Marens unzureichende Kenntnisse aus ihrer Grundschulzeit den Eltern erst durch die Klassenarbeiten im Gymnasium auffielen.

Beispiel 1: Beratung Maren

Rechenschwierigkeiten in der 8. Klasse Gymnasium

Vorgeschichte

Wegen langjähriger Mathematikprobleme brachten Herr und Frau K. ihre 13-jährige Tochter Maren zu einer Beratung zu mir. Maren hatte im letzten Halbjahreszeugnis der 8. Klasse eines Gymnasiums eine Fünf in Mathematik erhalten. In der Grundschule sei sie eine gute Rechnerin gewesen, betonten die Eltern. Ihre Zeugnisse bestätigten dies, bis auf das Versetzungszeugnis zur Klasse 5, in dem die Leistungen in Mathematik nur mit schwach befriedigend benotet wurden.

Nachdem Marens Mathematiknoten im Gymnasium bei den Klassenarbeiten immer häufiger auf mangelhaft abgerutscht waren und es keine schulische Förderung gab, erhofften sich die Eltern bei einer außerschulischen Lernhilfeorganisation eine gezielte Förderung ihrer Tochter. Da jedoch auch nach zwei Jahren Nachhilfe keinerlei positive Veränderungen sichtbar wurden, brachen die Eltern die von ihnen selbst finanzierte Maßnahme ab. Der ständige Druck und das Versagen hatten dazu geführt, dass Maren beim

Rechnen unkonzentriert war, immer wieder über Bauchschmerzen klagte und sich für dumm hielt. Dies beunruhigte die Eltern, die ihre Tochter sonst als ein aufgewecktes und intelligentes Mädchen erlebten.

Über Elternratgeber und das Internet hatten sich die Eltern bereits allgemein über Rechenschwierigkeiten zu informieren versucht. Ihnen war deshalb inzwischen klar geworden, dass Hilfe am aktuell bestehenden Lernstand des Kindes ansetzen müsse und eine Nachhilfe bei zu großem Rückstand ungeeignet wäre. Die Familie erwartete nun von unserem Beratungsgespräch Aufklärung und Hinweise zur Förderung.

Beratungsgespräch

Nach Abklärung der Vorgeschichte, die mir bereits durch Unterlagen und Informationen aus einem Elternfragebogen bekannt war, begann ich mein diagnostisches Gespräch mit Maren anhand von Aufgaben aus der letzten Mathematikarbeit. Sie suchte sich eine der Aufgaben aus, bei der aus zwei Gleichungen zwei Unbekannte (x und y) zu ermitteln waren. Sie sollte mir ihren Rechenweg möglichst detailliert erklären (Methode des lauten Denkens). Nach kurzem Zögern erinnerte sie sich an ihr Vorgehen bei der Klassenarbeit. Sie versuchte, wie sie erläuterte, zunächst die Unbekannte x so zu isolieren, dass sie nach dem Gleichheitszeichen ein zahlenmäßiges Ergebnis mit y erhält. Bei der ersten Gleichung $8y + 2x = 86$ subtrahierte sie daher völlig richtig auf der linken Seite das Produkt $8y$. Allerdings unterließ sie es nun, die rechte Seite der Gleichung entsprechend umzuformen. Dieser in ihrer Arbeit durchgängig zu erkennende Fehler zeigte auf, dass Maren die Bedeutung des Gleichheitszeichens (Thema der Grundschule) nicht umfassend genug verstanden hatte. Nicht selten wird aber dieses Wissen von den Gymnasiallehrkräften vorausgesetzt.

Marens Bearbeitung der Gleichungen unterbrach ich deshalb bereits nach der ersten Umformung und bat sie, die Bedeutung des Gleichheitszeichens anhand einer einfacheren Gleichung zu erläutern, z. B. $x + 3 = 10$. Spontan nannte sie das Ergebnis 7, obwohl ich sie danach gar nicht gefragt hatte, und kommentierte auf Nachfrage, dass das Gleichheitszeichen »ergibt« bedeutet (7 plus 3 ergibt 10). Hier lag der Schlüssel für Marens Problem mit den Gleichungen. Maren hatte nicht gelernt, dass – wie der Name bereits sagt – ein Gleichheitszeichen angibt, dass auf beiden Seiten dieses Zeichens das Gleiche steht. Das ist etwa vergleichbar mit einer Waage, die dann im Gleichgewicht ist, wenn auf beiden Waagschalen gleich viel enthalten ist. Eine Umformung einer Gleichung ist deshalb nur möglich, wenn auf beiden Seiten jeweils »das Gleiche gemacht« wird (siehe S. 88 ff.). Maren hätte also in ihrer Mathematikarbeit die 8y auf beiden Seiten der Gleichung subtrahieren müssen ($8y + 2x - 8y = 86 - 8y$). Dadurch hätte sie das Produkt $2x$ in der Form $2x = 86 - 8y$ erhalten und nach beidseitiger Division durch 2 die Unbekannte x isoliert, wie sie es sich vorgestellt hatte. Bei ihr war, was relativ häufig anzutreffen ist, in der Grundschule beim Gleichheitszeichen vor allem der Aspekt des »Ergibt-Zeichens« verwendet worden. Aufgrund des fehlenden Verständnisses der Bedeutung des Gleichheitszeichens kam sie bei allen vergleichbaren Aufgaben zu falschen Ergebnissen, d. h., das Problem aus der

Grundschulzeit hat bei ihr gravierende Auswirkungen in den höheren Klassen.

Meine Vermutung, dass der Ursprung ihrer Schwierigkeiten im Mathematikunterricht in der Grundschule liegt, konnte ich Maren und ihren Eltern auch beim Überprüfen der Vorstellungen über die vier Grundrechenarten aufzeigen.

Dazu erhielt Maren kleine, bunte Glassteine (Muggelsteine) als konkretes Anschauungsmaterial, mit deren Hilfe sie die einzelnen Rechenarten konkret darstellen sollte. Dies gelang ihr ohne Mühe bei den Aufgaben 7 + 4 und 12 – 3, wobei mir auffiel, dass sie die Aufgaben noch zählend rechnete und das Einspluseins nicht sicher beherrschte (siehe S. 71). Bei der Darstellung der Aufgabe 3 · 7 benötigte sie etwas Hilfe. Sie legte dann dreimal 7 Steine hin und erhielt dadurch zusammen 21 Steine. Hierbei fiel mir zusätzlich durch Nachfragen auf, dass sie auch das Einmaleins nicht ausreichend sicher konn-

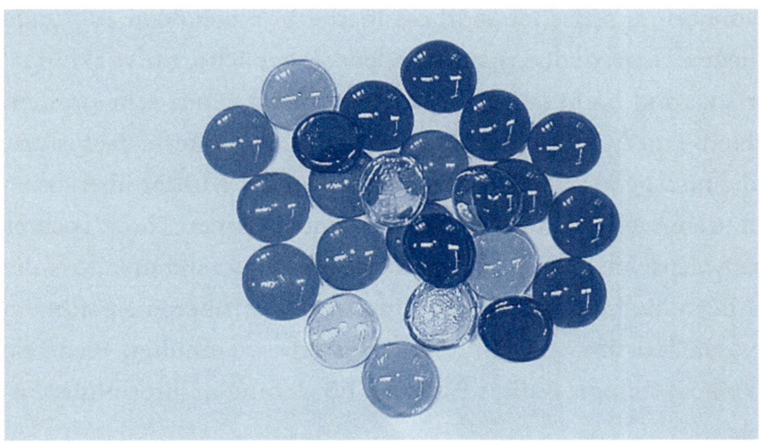

Muggelsteine

te. Im weiteren Verlauf des Gesprächs zeigte es sich, dass sie einfache Divisionsaufgaben wie 15 : 3 – auch mit etwas Hilfe – nicht mit Steinen darstellen konnte. Maren fehlte hierfür das notwendige Verständnis für die grundlegenden Aspekte der Division (siehe S. 86 ff.) Daraus ergaben sich auch entsprechende Verständnisprobleme bei der Bruchrechnung, die in ihrer Klasse häufiger benötigt wird.

Folgerungen

Bereits anhand dieser wenigen Beispiele wurde Maren und ihren Eltern deutlich, dass die Schwierigkeiten ihren Ursprung in den ersten Schuljahren hatten und Hilfe hier ansetzen muss.

Die Eltern erhielten weitere Hinweise, worauf bei einer Förderung zu achten ist. Ausführlich können diese in den einzelnen Kapiteln dieses Ratgebers nachgelesen werden. Maren wurde Mut gemacht, da ihren Problemen nicht Dummheit, sondern unpassende mathematische Vorstellungen zugrunde liegen. Der dadurch entstandene erhebliche Entwicklungsrückstand kann von Maren allerdings nur mit sehr großem Fleiß und Ausdauer verringert werden. Die Eltern, die bislang die häusliche Unterstützung vor allem der Mutter überlassen hatten, wollten nun den Versuch unternehmen, ihrer Tochter abwechselnd selbst zu helfen. Es wurde vereinbart, dass die Eltern die häusliche Vorgehensweise in größeren Abständen vorstellen, um weiterführende Hinweise zu erhalten, wenn sie keine geeignete außerschulische Förderung in ihrer Nähe finden.

Verhaltensmuster bei Rechenschwierigkeiten

Die folgenden Verhaltensmuster können auf RS Ihres Kindes hinweisen:

- Vermeiden von Rechenübungen: Ihr Kind erledigt nur widerwillig seine Hausaufgaben in Mathematik. Es weicht möglichst jeder Beschäftigung mit Zahlen aus.
- Unsicherheit und Ablehnung: Es fehlt ihm Sicherheit über den eingeschlagenen Rechenweg; ein von Ihnen vorgeschlagener Weg wird mit dem Hinweis abgelehnt, dass in der Schule anders vorgegangen wurde.
- Zurückweisung von Elterntipps: Ihr Kind kann Ihre Tipps nicht mit seinem Schulwissen in Verbindung bringen und gedanklich verarbeiten, obwohl sie mathematisch korrekt sind und mit den schulischen Verfahren konform gehen.
- Angst vor Mathematik: Große Ängste zeigt Ihr Kind vor den Klassenarbeiten. Aus Angst vor einer »schlechten« Benotung stellen sich Bauchschmerzen, Kopfweh und andere Beschwerden ein.
- Auffälliges Verhalten und Rückzug: Ihr Kind fühlt sich in Mathematik überfordert, empfindet sich als Versager und zieht sich oftmals aus seinem sozialen Umfeld zurück. Der Rückzug ist besonders gefährlich, weil er auf die Leistungen anderer Fächer übergreifen kann.
- Erfolgloses Üben: Obwohl Ihr Kind den Lernstoff zu Hause intensiv geübt hat, bleibt ein sichtbarer Erfolg aus. Auch eine Nachhilfe hat zu keiner nachhaltigen Verbesserung geführt.

Theoretische Konzepte

Zeigen Kinder Schwierigkeiten beim Rechnen, so gibt es dafür wie gesagt eine Vielzahl von Bezeichnungen. Man kann fast für jeden Buchstaben des Alphabets einen Begriff dafür finden, von A wie Akalkulie bis Z wie Zahlendyslexie.

Dyskalkulie/Rechenschwäche

Bei Durchsicht der im Buchhandel erhältlichen Elternratgeber fällt auf, dass die Begriffe Dyskalkulie und Rechenschwäche am häufigsten auftauchen. Bei der Beschreibung der Ursachen für diese Störungen werden oft die Begriffe Teilleistungsschwäche bzw. Wahrnehmungsschwäche gebraucht. Die Vorstellungen darüber, was mit diesen Bezeichnungen genau gemeint ist, sind allerdings höchst heterogen. Demzufolge sind auch die Vorgehensweisen bei der Behandlung dieser »Störungen« sehr unterschiedlich. Wie die Bezeichnung »Schwäche« bereits andeutet, werden nach dieser Vorstellung vor allem organische Ursachen für die Rechenschwäche angenommen. Die Autoren, die den Begriff »Teilleistungsschwäche« verwenden, gehen meist davon aus, dass den kindlichen Rechenstörungen u. a. Defizite oder Verzögerungen von Funktionen zugrunde liegen, die von der Reifung des zentralen Nervensystems abhängen. Es handelt sich demnach um Störungen, die im Kind liegen und organisch bedingt sind. Um diese organischen Teilleistungsstörungen zu beseitigen, werden in der Regel Funktions- bzw. Wahrnehmungstrainings empfohlen. So können Sie beispielsweise im Internet lesen »Wahrnehmungstraining hilft gegen Rechenschwäche«. Danach kann Kindern, die unter Rechenschwäche »leiden«, durch spezielle Förderung der Wahrnehmungs- und Sehfähigkeit geholfen werden.

Helfen bei Rechenschwäche Trainings der visuellen Wahrnehmung?

Autoren, die vom Konzept der »Rechenschwäche« als organisch oder psychisch bedingter Krankheit ausgehen, vermuten als Hauptursache häufig Störungen der visuellen Wahrnehmung. Sie wird im Zusammenhang mit der räumlichen Vorstellungsfähigkeit und dem mathematischen Denken als Grundvoraussetzung für den Erwerb von mathematischer (und auch schriftsprachlicher) Kompetenz angesehen.

Die visuelle Wahrnehmung wird in verschiedene Bereiche unterteilt:

- Figur-Grund-Unterscheidung: das Erkennen von Figuren und Abbildungen vor komplexem Hintergrund.
- Visiomotorische Koordination: das kontinuierliche Zusammenspiel von Auge und Hand.
- Erkennen räumlicher Beziehungen: das Wahrnehmen von Gegenständen zueinander und in Relation zum Beobachter.

Nicht Übungen mit mathematischen Inhalten, sondern unterschiedlichste Wahrnehmungsübungen sollen nach diesem Konzept die Voraussetzung für mathematisches Lernen ermöglichen.

Hierzu einige Beispiele:

- Zur Figur-Grund-Unterscheidung erhält das Kind ein Zeichenblatt mit sich überschneidenden Umrisszeichnungen von Figuren, die mit verschiedenen Farbstiften nachzuziehen sind.
- Zum Training der Auge-Hand-Koordination wird das Zielwerfen eines Balles in einen Eimer geübt.
- Für den Bereich des Erkennens der räumlichen Beziehungen wird ein Kind mit geschlossenen Augen über einen Parcours im Raum (über Tische, Stühle) geführt. Anschließend soll es den gleichen Weg mit offenen Augen zurücklegen.

Das sind nur einige Beispiele für Funktionstrainings, die in der Förderung von Kindern mit Schwierigkeiten im Rechnen auch im schulischen Bereich eingesetzt werden, aber keinen Bezug zu mathematischen Fragestellungen haben. Besonders problematisch wird es, wenn eine »Dyskalkulie-Therapie« ausschließlich aus derartigen Funktionstrainings bestehen soll, wie das nachfolgende Beispiel belegt:

Beispiel 2: Gutachten Lena

Gutachten einer Praxis für Wahrnehmungsstörungen

Vorgeschichte

Aufgrund der ausgeprägten Lernprobleme und Ängstlichkeit ihrer Tochter Lena im Fach Mathematik suchte eine besorgte Mutter professionelle Hilfe. Die Praxis führte mit dem fast 9-jährigen Mädchen eine Reihe von Tests durch (u. a. den Intelligenztest Hawik R und den Frostig-Entwicklungstest der visuellen Wahrnehmung FEW).

Testergebnisse

Aufgrund dieser Tests wurden der Mutter eine Vielzahl von Störungen ihrer Tochter bescheinigt: minimale cerebrale Dysfunktion, zentral bedingte visuelle Wahrnehmungsstörungen im Bereich der Figur-Grund-Wahrnehmung wie der Raumwahrnehmung sowie seriale Wahrnehmungsstörung und Verhaltensauffälligkeiten.

Folgerungen

Neben der bereits beschriebenen visuellen Wahrnehmungsstörung wurde eine minimale cerebrale Dysfunktion (MCD) diagnostiziert. Dieser Begriff assoziiert einen Gehirnschaden, der allerdings bislang in wissenschaftlichen Untersuchungen bei Kindern mit RS nicht als Ursache für ihre Störung nachgewiesen werden konnte. Eine echte neurologische Behinderung ist nach Dehaene, einem bekannten Neuropsychologen und Mathematiker, eher selten und war, wie die Untersuchungen zeigten, auch im vorliegenden Fall nicht gegeben.

Bei den Therapievorschlägen des Gutachtens fällt auf, dass keine konkreten Fördermaßnahmen mit mathematischen Inhalten vorgesehen sind. Die Vorschläge beinhalten im Wesentlichen die Durchführung von Funktionstrainings im Rahmen einer Ergotherapie mit sensorischer Integrationstherapie. Daneben wird empfohlen, die festgestellte visuelle Wahrnehmungsstörung weiter abzuklären und eine Psychotherapie durchzuführen. Schließlich sollte das Mädchen möglichst in seiner bisherigen Klasse verbleiben.

Dieses Gutachten war für die Mutter sehr unbefriedigend. Die Mutter beklagte, dass die Untersuchungen, statt Hilfen zur Lösung der mathematischen Probleme anzubieten, ihre Tochter mit negativen Etikettierungen versahen, die in keiner direkten Beziehung zu ihren eigentlichen mathematischen Problemen standen.

Zusammenfassung

Sie als Eltern sollten wissen, dass es bis heute keine wissenschaftlichen empirischen Beweise dafür gibt, dass Funktionstrainings bei Rechenschwierigkeiten erfolgreich geholfen hätten. Bedenklich ist, dass durch die Konzentration auf solche Übungen ohne Bezug zu mathematischen Fragestellungen wertvolle Zeit vergeht, die dringend für inhaltsbezogene Übungen genutzt werden sollte, denn sonst kann es durch den Zeitaufschub zu weiteren Entwicklungsrückständen kommen.

Meine Kritik, die von vielen Fachleuten geteilt wird, richtet sich nicht nur gegen solche speziellen Trainings der visuellen Wahrnehmung, sondern auch gegen Konzepte wie das der sensorischen Integrationstherapie. Diese werden oft nicht oder nur zum Teil mit mathematischen Inhalten und Fragestellungen verbunden.

Hilft bei Rechenschwierigkeiten eine sensorische Integrationstherapie?

Das Konzept der sensorischen Integration von Ayres gehört zu den weitverbreiteten Ansätzen, die die Bereiche Wahrnehmung, Bewegung und Sprache betreffen. Unter dem Begriff »Störung der sensorischen Integration« werden Unregelmäßigkeiten oder auch Defizite der Hirnfunktionen verstanden, die die Verarbeitung und Integration sinnlicher Reizeinwirkungen erschweren. Solche Störungen werden als Grundlage vieler Lernprobleme gesehen. Eine sensorische Integrationstherapie umfasst gewöhnlich Ganzkörperbewegungen, durch die das Gleichgewichtssystem, die Eigenwahrnehmung und der Tastsinn angeregt werden.

So wird bei dieser Therapie z. B. eine Ganzkörperbewegung auf dem Rollbrett eingesetzt. Dabei handelt es sich um ein speziell entwickeltes Holzbrett mit Rädern, das frei und in jede Richtung bewegt werden kann. Das Kind liegt auf der Bauchseite mit dem mittleren Körperteil darauf, während Kopf, oberer Teil der Brust, Arme und Beine während der Bewegung des Brettes hochgehalten werden.

Hinsichtlich der Wirksamkeit derartiger Übungen gibt Ayres selbst zu, dass einigen Kindern mit der sensorischen Integrationstherapie nicht geholfen werden kann, obwohl auch bei ihren Problemen Lernstörungen oder Schwierigkeiten der Sinneswahrnehmung zugrunde liegen.

Zusammenfassung

Es gibt inzwischen umfangreiche Untersuchungen, die zeigen, dass das Konzept von Ayres keine positiven Effekte bei Lernschwierigkeiten hat. So stellen Höhn und Baumeister (nach Born und Oehler) fest, dass die Ergebnisse mehrerer Studien so zu bewerten sind, dass es sich bei diesen Therapien um eine »höchst ineffektive Behandlungsform für Lernstörungen« handle. Ein Training der Bewegung und der Wahrnehmung könne zwar die Fähigkeiten in diesen Bereichen verbessern, habe aber keine Auswirkungen auf die mathematische Kompetenz. Es ist die gleiche Entwicklung wie seinerzeit mit den Behandlungskonzepten bei Lese-Rechtschreib-Schwierigkeiten (I. Naegele). In vielen wissenschaftlichen Untersuchungen und in der praktischen Arbeit mit Betroffenen konnte nachgewiesen werden, dass man Lesen nur durch Lesen und richtig Schreiben nur durch Schreiben lernen kann. Entsprechend kann eine Therapie für Kinder mit Schwierigkeiten im Rechnen nur dann erfolgreich sein, wenn der Lerngegenstand im Mittelpunkt steht. Überspitzt kann man daher auch fürs Rechnen formulieren: Rechnen lernt man nur durch Rechnen.

Hat unser Gehirn ein Rechenzentrum?

Seit einigen Jahren wird in Veröffentlichungen über Rechenprobleme auf Ergebnisse der Neurowissenschaften, d.h. der

Lehre und Forschung über unser Nervensystem, verwiesen. Da menschliche Denkleistungen im Gehirn (Teil des Zentralnervensystems) stattfinden, sollte man sich den bisherigen Forschungsstand genau ansehen.

Als eine der wenigen gesicherten Erkenntnisse gilt , dass es eine Art Rechenzentrum, zuständig für mathematische Fragen, in unserem Gehirn nicht geben kann, weil unser Gehirn modular aufgebaut ist. Diese Module müssen zur Lösung eines Problems miteinander verbunden werden. Einem guten Rechner gelingt es natürlich müheloser, die notwendigen Verbindungen herzustellen, als einem schlechten Rechner. Dabei arbeitet unser Gehirn assoziativ, indem es neues an vorhandenes Wissen anknüpft. Unser Gehirn arbeitet nicht wie ein Computer, der sehr schnell auch mit sehr großen Zahlen rechnen kann, wenn er entsprechend programmiert wurde. Demgegenüber fällt Kopfrechnen, auch mit kleineren Zahlen, vielen Erwachsenen schwer. Man kann z. B. bei ihnen eine Mechanik des Rechnens feststellen, wofür Dehaene zwei eindrucksvolle Testfragen angegeben hat.

Versuchen Sie, ganz spontan folgende Fragen zu beantworten:

- Ein Bauer hat acht Kühe, alle bis auf fünf sterben. Wie viele Kühe bleiben ihm?
- Anna hat fünf Puppen, zwei weniger als Katrin. Wie viele Puppen hat Katrin?

Nun, wahrscheinlich sind Sie auch mechanisch vorgegangen und haben bei beiden Aufgaben subtrahiert, d. h. acht minus fünf und fünf minus zwei gerechnet. Dies wurde Ihnen durch die Worte »bis auf« und »weniger als« nahegelegt. Beim Nachdenken haben Sie natürlich gemerkt, dass dem Bauern fünf Kühe bleiben und Katrin sieben Puppen hat. Solche Aufgaben können Ihnen eine Ahnung davon vermitteln, wie Kinder mit Schwierigkeiten im Rechnen vorgehen. Sie neigen dazu, möglichst schnell und ohne viel Nachdenken eine Aufgabe zu lösen.

Kann die Neurodidaktik zusätzliche Hilfen geben?

Seit mehr als 25 Jahren gibt es eine neue Fachrichtung: die Neurodidaktik. Mit ihrer Hilfe sollen neurowissenschaftliche Erkenntnisse für die Erziehungswissenschaft (Pädagogik) nutzbar gemacht werden. Dabei sind durch die neuere Entwicklung der bildgebenden Verfahren einige Neurodidaktiker zu sehr weitreichenden Interpretationen ihrer Beobachtungen gelangt, was Kritik herausfordert (u. a. Westerhoff 2008).

So erhoffen Forscher mithilfe bildgebender Verfahren unter anderem darüber Aufklärung zu erhalten, wie das Denken, und darunter auch mathematisches Denken, funktioniert (bzw. funktionieren soll). Mithilfe der Magnetresonanztomografie kann z. B. sichtbar gemacht werden, an welchen Stellen des Gehirns Gedächtnisinhalte entstehen. Wie der Neurowissenschaftler M. Velden hierzu hervorhebt, kann das Sichtbarmachen von Aktivitäten in bestimmten Gehirnregionen allerdings nicht wiedergeben, wie diese Gehirnzellen den mentalen Vorgang vermitteln, lediglich dass sie ihn vermitteln. Demnach kann die Neurowissenschaft derzeit nicht angeben, wie das Lernen mittels der Gehirnzellen und ihrer Verknüpfungen im Einzelnen funktioniert.

Nach meinem Wissen liefern deshalb die bildgebenden Verfahren beim heutigen Erkenntnisstand keine zusätzlichen praktischen Hilfen für die Förderung von Kindern mit Rechenschwierigkeiten. Erfahrene Pädagogen begrüßen es zwar, wenn die Neurowissenschaftler die normalen und krankheitsbedingten Vorgänge des Lernens untersuchen, aber sie wenden sich gegen den Anspruch, aus bildgebenden Verfahren pädagogisches Handeln ableiten zu können.

Was beinhaltet der Begriff Rechenschwierigkeiten (RS)?

In Übereinstimmung mit Fritz, Ricken, Wehrmann u. a. wird, wie bereits hervorgehoben, in diesem Ratgeber nur der Begriff Rechenschwierigkeiten (RS) verwendet. *Rechenschwierigkeiten sind anhaltende, d. h. sich über einen Zeitraum von mindestens einem halben Jahr erstreckende, systematisierbare, d. h. in gleicher Weise regelmäßig auftretende und feststellbare, sowie subjektive, d. h. sich bei jedem Kind unterschiedlich zeigende, rechnerische Fehlleistungen.* Kinder mit RS haben einen deutlichen Entwicklungsrückstand in ihrer mathematischen Kompetenz gegenüber Kindern ohne RS.

Diese Definition hat sich in meiner langjährigen Arbeit mit Betroffenen als sinnvoll erwiesen. Rechenschwierigkeiten treten vor allem im Bereich der Arithmetik mit ihren vier Grundrechenarten auf, d. h. der Addition, Subtraktion, Multiplikation und Division, und weniger in der Geometrie. Erfolgreiches Lernen dieser arithmetischen Operationen erfordert das verstandesmäßige Erfassen der mathematischen Begriffe und Zusammenhänge, also kognitive, d. h. die Erkenntnisse betreffende Klarheit. Damit die verstandenen mathematischen Operationen auch bei Bedarf abrufbereit sind, müssen sie intensiv wiederholt und eingeübt werden. Schwierigkeiten im Rechnen haben Auswirkungen auf das Selbstwertgefühl und die Motivation des Kindes und können bis zur Lernblockade führen.

Wenn eine schulische Förderung nicht ausreicht oder gar nicht stattfindet, stehen Sie als Eltern vor der Entscheidung, entweder zu versuchen, Ihrem Kind selbst zu helfen, eine außerschulische Förderungseinrichtung in Anspruch zu nehmen (siehe S. 148 ff.) oder einen geeigneten Dritten darum zu bitten. Dieser müsste die Ratschläge und Hinweise befolgen, die in diesem Ratgeber für Sie als Eltern insbesondere ab Seite 54 ff. beschrieben werden.

Rechnen lernt man nur durch Rechnen!

In vielen wissenschaftlichen Untersuchungen und in der praktischen Arbeit mit Betroffenen konnte nachgewiesen werden, dass man Lesen nur durch Lesen und Schreiben nur durch Schreiben lernen kann. Entsprechend kann eine Therapie für Kinder mit Rechenschwierigkeiten nur dann erfolgreich sein, wenn der Lerngegenstand im Mittelpunkt steht. Denn:

- Es gibt keine durch wissenschaftliche Untersuchungen belegten Beweise dafür, dass Wahrnehmungsübungen bei Rechenschwierigkeiten helfen.
- Ein Training der Wahrnehmung kann nur die Fähigkeiten in diesem Bereich verbessern, hat aber keine Auswirkungen auf den Aufbau mathematischer Kompetenz.
- Unser Gehirn hat kein Rechenzentrum und es ist modular aufgebaut. Es arbeitet nicht wie ein Computer.
- Nach bisherigen Erkenntnissen liefern Untersuchungen mit bildgebenden Verfahren (z. B. mit MRT) keine zusätzlichen Hilfen bei Rechenschwierigkeiten.
- Kinder mit Rechenschwierigkeiten haben einen größeren Entwicklungsrückstand in ihrer mathematischen Kompetenz.

Wer stellt fest, ob Ihr Kind Rechenschwierigkeiten hat?

Zunächst einmal ist die Mathematiklehrerin/der Lehrer für die Vermittlung und Förderung aller Kinder zuständig. Fehlt Unterstützung durch die Lehrkraft, so wird oft eine Hilfe außerhalb der Schule gesucht. Das Spektrum institutioneller Angebote ist groß.

Häufig sind es Eltern wie Sie, denen früher als der Lehrerin bei den Hausaufgaben auffällt, dass ihr Kind Schwierigkeiten beim Rechnen hat. In der Regel macht das Kind nicht nur viele Fehler, sondern es verwendet auch unpassende Vorgehensweisen beim Rechnen der Aufgaben. Da Eltern in der Regel nur geringe mathematische Fachkenntnisse haben, beginnt für Betroffene eine langwierige, oft frustrierende Suche nach Aufklärung und Hilfe. Fehlt Unterstützung oder fachliche Kompetenz der Lehrkraft, so wird eine Hilfe außerhalb der Schule gesucht. Das Spektrum institutioneller Angebote ist groß, den Anbietermarkt im Internet können auch Fachleute nicht mehr überblicken. Es gibt staatliche, kirchliche oder private Einrichtungen, von denen Eltern fachlichen Rat erwarten. Je nach ihrem theoretischen Konzept versuchen die Mitarbeiterinnen und Mitarbeiter von Beratungsstellen entweder selbst, die Schwierigkeiten eines Kindes abzuklären, oder sie verweisen die Eltern an andere Experten wie psychologische, lerntherapeutische oder kinderärztliche Praxen weiter.

Beispiel 3: Gutachten Lisa

Gutachten einer Ärztin für Kinder- und Jugendpsychiatrie

Vorgeschichte

Als Lisa acht Jahre alt war und die 2. Klasse einer Grundschule besuchte, stellte die Mutter bei den Hausarbeiten mit ihrer Tochter fest, dass diese noch mit den Fingern zählte, dadurch viel zu langsam war und sich oft verrechnete. Die Subtraktion hatte sie nicht verstanden und sie verwechselte Zehner und Einer. Lisa wurde bei ihren Rechenaufgaben zunehmend unkonzentrierter und unsicherer. Vor den Klassenarbeiten in Mathematik steigerten sich ihre Ängste und sie bekam nicht selten Bauchschmerzen. Trotzdem erhielt sie im Versetzungszeugnis zur dritten Klasse in Mathematik die Note befriedigend bei sonst ebenfalls befriedigenden und guten Noten in den anderen Fächern.

Zum Arbeits- und Sozialverhalten wurde vermerkt, dass Lisa auf die Unterstützung der Lehrerin angewiesen sei und noch vorwiegend mechanisch und reproduktiv lerne. Zum Lösen von Additions- und Subtraktionsaufgaben benötige sie Hilfsmittel. Lisa war mit ihrer Mathematiknote zufrieden, die Mutter dagegen verunsichert. Ein Gespräch mit der Lehrerin war wenig hilfreich, denn diese meinte, der Knoten platze irgendwann von allein. Daraufhin suchte die Mutter Rat bei einer ihr von einer anderen Mutter empfohlenen Ärztin für Kinder- und Jugendpsychiatrie, um die Schulschwierigkeiten ihrer Tochter abklären zu lassen.

Testergebnisse

Nach Durchführung zweier Tests stellte die Ärztin in ihrer kinderpsychiatrischen Bescheinigung die Diagnose Dyskalkulie gemäß der Definition F81.2 der Weltgesundheitsorganisation (WHO). Ihre Diagnose beruhte auf den Ergebnissen aus einem (im Gutachten nicht näher bestimmten) Intelligenztest und im Rechentest Zareki. Aufgrund der Ergebnisse im Intelligenztest hätte Lisa eine durchschnittliche Intelligenz. Der Rechentest ergab einen Prozentrang von 1, was bedeutet, dass 99 % einer Stichprobe von Kindern gleichen Alters bessere Ergebnisse als Lisa zeigten. Das Gutachten schloss mit der Empfehlung, dass Lisa umgehend eine Rechenförderung erhalten müsse, da eindeutig eine Dyskalkulie vorliege.

Folgerungen

Lisas Mutter war einerseits erleichtert, dass sich ihre Vermutung bestätigt und ihre Tochter ernsthafte Rechenprobleme hatte. Andererseits war sie frustriert, da das Gutachten keinerlei Hinweise auf konkrete Fördermaßnahmen gab. Auch war ihr nicht verständlich, warum gemäß Test fast alle Gleichaltrigen besser rechnen konnten als ihre Tochter mit Prozentrang 1, während die Mathematikleistungen in der Schule, wenn auch mit Einschränkungen, mit befriedigend benotet wurden. Da sie keine Erklärung für die widersprüchlichen Einschätzungen der mathematischen Leistungen ihrer Tochter hatte, wandte sich die Mutter an mich. Ich führte keine weiteren Tests durch, sondern ein Beratungsgespräch mit der Mutter und dem Kind (siehe S. 151 ff.). Danach hatte Lisa – entgegen der Benotung in der Schule – einen Entwicklungsrückstand zu den aktuellen schulischen Anforderungen von ca. 1 bis 1 ½ Jahren, der sich bereits negativ auf ihre psychische Befindlichkeit auswirkte. Da kein schulisches Förderangebot vorhanden war und die Mutter sich nicht zutraute, ihrem Kind selbst zu helfen, empfahl ich eine außerschulische Förderung entsprechend dem FIT-Konzept (siehe S. 149 ff.).

Welche Untersuchungen sind in einer Beratungsstelle üblich?

Bevor Sie mit Ihrem Kind eine Beratungsstelle aufsuchen, sollten Sie sich darüber informieren, welche Untersuchungen Ihr Kind dort erwarten, und sich überlegen, ob Sie diese Ihrem Kind zumuten wollen. So wurden beispielsweise von einer kommunalen Kinder-Jugend-Eltern-Beratungsstelle in Hessen folgende Untersuchungen durchgeführt:

- Feststellung des kognitiven Entwicklungsstands mithilfe des K-ABC (Kaufmann-Assessment Battery for Children)
- Feststellung der Rechenfertigkeit und der umfassenden mathematischen Leistung mithilfe des MT 2 (Mathematiktest für 2. Klassen)

Mit diesen Tests soll festgestellt werden, ob die Schwierigkeiten Ihres Kindes den Vorstellungen der Beratungsstelle von einer Dyskalkulie entsprechen oder nicht. In der Regel werden ein Intelligenztest (wie der K-ABC) und ein Rechentest (wie der MT 2) und oftmals noch weitere Verfahren durchgeführt, die für Ihr Kind anstrengend und nicht ermutigend sein können, vor allem in klinischen Beratungsstellen. Diese Testauswahl beruht auf einem inzwischen vielfach kritisierten Konzept, wonach besondere Rechenschwierigkeiten (Dyskalkulie) nur dann vorliegen, wenn Zusammenhänge zwischen der Rechenleistung des Kindes und seiner Intelligenz bestehen. Dabei weist bereits Röhrig (1996) auf die falsche Zuordnung von Intelligenz und Rechenleistung hin, und Untersuchungen von Helmke (1997) bestätigen, dass die Zusammenhänge zwischen beiden schon sehr frühzeitig in der Grundschule abnehmen. Eine Dyskalkulie liegt nach der obigen Definition dann vor, wenn ein Kind eine mindestens durchschnittliche Testintelligenz erreicht, da davon ausgegangen wird, dass sonst keine »spezifische Leistungsminderung« im Rechnen vorliegt. Schneidet Ihr Kind demnach im Intelligenztest schlecht ab, liegt nach dieser Vorstellung keine Dyskalkulie vor und Ihr Kind ist laut Definition nicht förderungsbedürftig.

Internationale Klassifikation psychischer Störungen ICD-10 (WHO) – Rechenstörungen

Diese Störung beinhaltet eine umschriebene Beeinträchtigung von Rechenfertigkeiten, die nicht allein durch eine allgemeine Intelligenzminderung oder eine eindeutig unangemessene Beschulung erklärbar ist. Das Defizit betrifft die Beherrschung grundlegender Rechenfertigkeiten wie Addition, Subtraktion, Multiplikation und Division, weniger die höheren mathematischen Fertigkeiten, die für Algebra, Trigonometrie, Geometrie und Differenzial- sowie Integralrechnung benötigt werden.

Eine in diese Richtung weisende Interpretation lässt diese von der Weltgesundheitsorganisation (WHO) in der internationalen Klassifikation psychischer Störungen (ICD-10 Kapitel V) aufgeführte Definition einer Rechenstörung (F81.2) zu. Sie ist dann gegeben, wenn sie »nicht allein durch eine allgemeine Intelligenzminderung [...] erklärbar ist«. Im Übrigen verweist die obige WHO-Definition auf den Umstand, dass eine Rechenstörung nur dann besteht, wenn sie sich auf die Beherrschung grundlegender Rechenfertigkeiten bezieht und nicht auf die höhere Mathematik. Die Begriffe Dyskalkulie/Rechenschwäche tauchen in der ICD-10 Definition von 2011 nicht mehr auf.

Beachtenswert ist allerdings, dass durch diese Definition der WHO die Beeinträchtigungen der Rechenfertigkeiten als psychische Störung klassifiziert und somit als Krankheit angesehen werden. Ein Kind mit einer »Rechenstörung« hat unter bestimmten Voraussetzungen einen Anspruch auf Übernahme der Kosten für eine Lerntherapie. Hierzu ist vor Beginn einer Maßnahme ein entsprechender Antrag bei dem zuständigen Jugendamt zu stellen. Es empfiehlt sich, bevor der Antrag auf Kostenübernahme gestellt wird, genaue Erkundigungen beim Jugendamt über die einschlägigen Gesetze und ihre Auslegungen einzuholen. Die Hilfsangebote, die von den Jugendämtern gemacht und bewilligt werden, sind unterschiedlich. Maßgebend sind zwei Gesetzesbestimmungen:

Nach § 27 ff. des KJHG (Kinderjugendhilfegesetz) gibt es »Hilfen zur Erziehung«, bei denen die häusliche Situation des Kindes mit einbezogen wird.

Nach § 35a des SGB VIII (Sozialgesetzbuch) wird eine

Eingliederungshilfe für seelisch behinderte Kinder und Jugendliche gewährt. Hiernach hat ein Kind einen Anspruch auf Hilfe meist nur nach einer aufwändigen medizinischen, psychiatrischen Untersuchung. Eltern sollten sich gründlich überlegen, ob sie dies ihrem Kind zumuten wollen.

Entgegen den geschilderten Vorstellungen über RS in vielen Beratungsstellen vertrete ich gemeinsam mit anderen Fachleuten die Auffassung, dass *alle* Kinder förderungswürdig und -fähig sind. Statt Intelligenz- und Rechentests haben sich klinische Interviews, wie ich sie in den Beratungsgesprächen einsetze, als wesentlich präzisere Diagnoseinstrumente erwiesen. Da jedoch nach wie vor Beratungsinstitutionen die klassischen Testverfahren verwenden, sollten Sie sich einige Grundkenntnisse aneignen.

Was messen Intelligenztests?

Da es keine allgemein verbindliche Definition des Begriffs Intelligenz gibt, messen Intelligenztests grob gesehen das, was die jeweiligen Autoren unter Intelligenz verstehen. Daher existieren unterschiedliche Arten von Intelligenztests. So verwendet z. B. der Grundintelligenztest CFT 20 überwiegend grafische Darstellungen für die Testaufgaben, während Verfahren wie der Hawik R oder der K-ABC bei den Testaufgaben vorwiegend ein Sprachverständnis voraussetzen.

Die Antwort auf die Frage »Was ist Intelligenz?« brachten Binet und Simon bereits vor hundert Jahren mit Vernunft, Urteilsvermögen und Verständnisvermögen in Zusammenhang. Sie waren auch die ersten, die Intelligenz zu messen versuchten. Seitdem wird das Ergebnis aus einem Intelligenztest durch einen Intelligenzquotienten IQ zusammengefasst. Dabei handelt es sich bei Binet um den Quotienten aus Intelligenzalter und Lebensalter, der mit Hundert multipliziert wird. Das Intelligenzalter wird mithilfe des Durchschnittswerts einer Stichprobe von Gleichaltrigen ermittelt. Hat z. B. ein 5-Jähriger die Intelligenz einer Stichprobe von 6-Jährigen, dann hat sein IQ mit $(6 : 5) \cdot 100 = 120$ den gleichen Wert wie der eines 10-Jährigen mit einem Intelligenzalter von 12, denn es gilt $(12 : 10) \cdot 100 = 120$. Hier zeigt sich bereits eine Problematik dieses Quotienten, da der 10-Jährige seiner Altersgruppe um 2 Jahre und der 5-Jährige nur um 1 Jahr voraus ist. Um die Messwerte über alle Altersgruppen besser vergleichbar zu machen, verzichtete man später auf die Bildung eines Quotienten, behielt aber die bisherige Bezeichnung IQ bei. Nach der neuen Berechnungsmethode wird der IQ-Wert auf die Normalverteilung (sog. Gaußsche Glockenkurve) abgebildet. Dabei wird die Leistung eines Kindes in Graden der Abweichung vom Erwartungswert der Altersgruppe bestimmt.

Zusätzlich unterscheidet man noch zwischen Lernbehinderung bei einem IQ von 70 bis 80 und geistiger Behinderung bei einem IQ unter 70. Alle diese Zuschreibungen sind jedoch ebenso problematisch wie die Tests selbst und keineswegs bei allen Testautoren gleich.

Was messen Rechentests?

Wie bei den Intelligenztests gibt es auch bei den Rechentests sehr unterschiedliche Verfahren. Bei den meisten werden die individuellen Leistungen eines Kindes ins Verhältnis zu einer Vergleichsgruppe gleichaltriger Kinder gesetzt, die mit den gleichen Testaufgaben konfrontiert wurden.

Ein Rechentest besteht meist aus Untertests, in denen z. B. Aufgaben zu den einzelnen Grundrechenarten behandelt werden. Das Ergebnis eines Rechentests wird nicht mit einem IQ-Wert, sondern mit einem Prozentrang (PR) angegeben. Erhält ein Kind bei einem Rechentest den Prozentrang 20, so wird aufgrund der Stichprobe davon ausgegangen, dass von 100 Kindern der Bezugsnorm (z. B. Alter) 80 Kinder besser rechnen können oder andersherum 20 Kinder gleiche oder schlechtere Leistungen haben.

In der Regel werden bei derartigen Tests die Kinder gleicher Jahrgangsstufen verglichen. Beim Mathematiktest MT 2, werden beispielsweise die Schüler von zweiten Klassen, beim Deutschen Mathematiktest DEMAT 3 die Schüler von dritten Klassen verglichen. Es gibt aber auch Tests, die für eine Schülergruppe entwickelt wurden, die mehrere Jahrgangsstufen umfasst, wie das Testverfahren zur Dyskalkulie Zareki für Schüler der Grundschule. Rechentests können sich aus unterschiedlichen Untertests zusammensetzen. So besteht der MT 2 aus sechs Untertests mit Aufgaben zu den Bereichen Zahlen ordnen und vergleichen, Addition, Subtraktion und Multiplikation. Der in diesem Buch angeführte und weitverbreitete Zareki setzt sich aus elf Untertests zusammen, zu denen Abzählen, Rückwärtszählen, Zahlen schreiben, Mengenbeurteilungen, Textaufgaben und Kopfrechnen gehören.

Was können Rechen- und Intelligenztests leisten?

Häufig beruht die Feststellung einer »Rechenschwäche« auf der Durchführung eines Intelligenz- und eines Rechentests, da von einem engen Zusammenhang zwischen Rechenleistung und Intelligenz ausgegangen wird. Um »förderungswürdig« zu sein, muss ein Kind nach dieser Vorstellung mindestens eine durchschnittliche Intelligenz haben.

Eltern müssen wissen, dass alle Schüler mit Rechenschwierigkeiten gefördert werden sollten, ohne Berücksichtigung eines Intelligenztests.

Zu den bei Grundschülern verwendeten Rechentests gehören z. B.:

- ZAREKI: Testverfahren zur Dyskalkulie in Einzeltests.
- DEMAT: Deutscher Mathematiktest für 1. bis 4. Klassen.
- SR 1—3: Schweizer Rechentest für 1. bis 3. Klassen.
- MT 2: Mathematiktest für 2. Klassen.

Diese Tests können nur einen groben Überblick über die Leistungen einzelner Kinder oder Klassen geben.

Die Nachteile der standardisierten Rechentests sind:

- Sie prüfen im Wesentlichen nur Aufgabenergebnisse ab.
- Sie ermöglichen keine ausreichenden Aussagen über die individuellen Rechenstrategien.
- Sie bieten keine passenden Ansätze zur Förderung.

Als wesentlich präziseres Diagnoseinstrument als Rechentests haben sich Beratungsgespräche mit Eltern und Kind ergeben.

Wie helfen Sie Ihrem Kind beim Rechnen?

Wollen Sie Ihr Kind im Rechnen erfolgreich fördern, so sollten Sie sich an die in diesen Kapiteln ausführlich dargestellten Anleitungen und mathematischen Methoden halten. Haben Sie dabei Geduld und Ausdauer, denn auch Erwachsene müssen sich erst einmal einarbeiten.

Bevor Sie die Förderung selbst in die Hand nehmen wollen, sollten Sie sich fragen, ob Sie es sich zutrauen.

- Ist das Verhältnis zu meinem Kind durch die bisherigen schulischen Misserfolge nicht schon zu stark belastet?
- Kann ich es schaffen, eine möglichst spannungsfreie, positive Lernatmosphäre herzustellen?
- Habe ich genügend mathematisches Wissen und ausreichend Zeit?

In vielen Fachbüchern und Elternratgebern wird den Eltern empfohlen, die Förderung grundsätzlich einem »Spezialisten« zu überlassen, weil es Eltern nur selten gelinge, ein störungsfreies Verhältnis beim Lernen herzustellen. Hinzu kommt, dass Eltern meist nicht die nötigen Kenntnisse hinsichtlich des Lerngegenstandes Mathematik haben, oder sie lernten in ihrer Schulzeit andere Rechenverfahren als ihr Kind.

Viele Elternratgeber beschränken sich darauf, Eltern von Kindern mit RS zu raten, mit ihnen Funktionsübungen –

z. B. zur Verbesserung der visuellen Wahrnehmung (siehe S. 33) – durchzuführen, im Glauben, dass derartige Übungen die Rechenfertigkeiten des Kindes verbessern. Dafür gibt es jedoch keine messbaren Beweise, wie bereits ausgeführt. Besser beraten sind Sie, wenn Sie mit Ihrem Kind nach dem in diesem Ratgeber vorgestellten FIT-Konzept (siehe S. 150 ff.) vorgehen bzw. eine außerschulische Einrichtung finden, deren Förderangebot dem FIT-Konzept ähnelt.

Für eine kompetente Förderung von Kindern mit RS fehlen leider vielerorts ausreichend qualifizierte Fachkräfte, und zwar sowohl in den Schulen als auch in außerschulischen Fördereinrichtungen. Selbst da, wo es entsprechende Fachkräfte gibt und die Möglichkeit einer Kostenübernahme durch die öffentliche Hand besteht, vergeht häufig bis zum Beginn einer Maßnahme viel kostbare Zeit. Wartezeiten von einem Jahr und mehr bis zur Bewilligung einer Therapie sind keine Seltenheit. Auch bei außerschulischen Einrichtungen kann es sein, dass Sie zunächst auf eine Warteliste gesetzt werden. In jedem Fall sollten Sie keine weitere Zeit verstreichen lassen und versuchen, für Ihr Kind Hilfe zu organisieren – entweder durch Sie selbst oder durch Dritte.

Günstig – beim Hilfsangebot durch Dritte – wären natürlich eine pädagogische und mathematische Vorbildung, ein gutes Verständnis für Ihr Kind und die Fähigkeit, zu motivieren. Diese Person sollte nach dem in diesem Ratgeber vorgestellten Konzept arbeiten, das sich in vielen Fällen als sehr erfolgreich bewährt hat.

Welche Fähigkeiten und Grundkenntnisse brauchen Sie?

Es sind einmal Verhaltensweisen, die Sie beim Üben mit Ihrem Kind einhalten sollten, und zum anderen eine Reihe wichtiger Prinzipien, die Sie bei der Vermittlung mathematischen Basiswissens berücksichtigen müssen.

Im nächsten Abschnitt wird beschrieben, worauf Sie beim Üben achten müssen und was Sie vermeiden sollten. Die weiteren Abschnitte beinhalten einführende Kenntnisse der Mathematikdidaktik, d. h. der Art und Weise, wie Mathematik fachgerecht vermittelt wird. Versuchen Sie bitte nicht, die Verfahren aus Ihrem eigenen Mathematikunterricht an Ihr Kind weiterzugeben. Halten Sie sich an die Vorgehensweisen (Strategien) aus dem Unterricht und dem Schulbuch Ihres Kindes. Unterschiedliche Strategien verwirren Ihr Kind.

Was sollten Sie beim Üben unbedingt beachten?

Um Lernerfolge zu erreichen, sind neben dem konkreten Üben eine positive Haltung und Geduld unabdingbar. Hinterfragen Sie daher kritisch Ihre Einstellung und prüfen Sie, ob Sie die folgenden Ratschläge beachten können.

Besonders wichtig beim Üben mit Ihrem Kind ist eine positive Einstellung! Wichtiger als alles Üben ist es, dass Ihr Kind spürt, dass Sie es so annehmen und lieben, wie es ist, unabhängig von seinen schulischen Leistungen, dass Sie es unterstützen wollen und sich Zeit für seine Sorgen und Freuden nehmen. Enttäuschende Leistungen sollten Sie weder durch Liebesentzug noch Verbote von Hobbys wie Fußballspielen, Schwimmen oder durch Fernseh- und Computerverbot bestrafen. Vielmehr sollten Sie auch kleinste Lernerfolge loben und richtige Lösungen hervorheben und belohnen.

Akzeptieren und motivieren Sie Ihr Kind! Akzeptieren Sie die Schwierigkeiten Ihres Kindes und üben Sie insbesondere keinen zusätzlichen Druck aus. Zeigen Sie Ihrem Kind, dass Sie überzeugt sind, dass seine Schulprobleme lösbar und Rechenprobleme nicht, wie immer wieder behauptet wird, ein unabdingbares Schicksal sind. Vermeiden Sie Vergleiche mit anderen Kindern und Geschwistern. Motivieren Sie Ihr Kind und stärken Sie sein Selbstwertgefühl, denn Schimpfen und ärgerliches Reagieren blockieren nur.

Wählen Sie die richtige Zeit und einen geeigneten Ort! Wählen Sie die Zeit für das Üben sorgsam aus, was bei Berufstätigkeit und immer mehr Ganztagsunterricht schwierig ist. Sinnvoll ist es, in einem Wochenplan die Zeiten für Hausaufgaben, die Zeiten zum Üben sowie feste Termine für Hobbys und die freie Zeit für Freunde, Familie und Pausen festzuhalten. Zum besseren Erkennen können Sie die Zeiten im Übrigen auch farbig eintragen und die Zeitintervalle ganz nach Ihren Bedürfnissen variieren. Das zusätzliche Üben sollte möglichst immer zur gleichen Tageszeit stattfinden, jedoch sollten ein Tag in der Woche sowie jeweils eine Hälfte der Ferien übungsfrei bleiben. Die Übungszeit sollte je nach Alter und Belastbarkeit des Kindes gestaffelt sein und bei Grundschulkindern nicht länger als 20 bis 30 Minuten dauern, einschließlich kurzer Entspannungspausen. Ein ruhiger Platz ohne äußere Ablenkungen wie Handy, Radio, Fernseher oder Computer hilft der Konzentration. Auch Musik ist beim konzentrierten Lernen meist störend, ebenso wie Geschwister oder Freunde, die die konzentrierte Arbeit des Kindes unterbrechen.

Erwarten Sie keine schnellen Erfolge! Lang andauernde Rechenprobleme können nicht über Nacht verschwinden. Erwarten Sie daher keine kurzfristige Verbesserung der schulischen Noten und werden Sie nicht ungeduldig mit sich und Ihrem Kind. Es gibt keine schnellen Lösungen für komplexe Probleme, auch wenn das immer wieder behauptet wird. Vergessen Sie bitte nicht, dass Ihr Kind – gerade wegen der zusätzlichen Belastungen – Zeit zum Entspannen, Zeit für Freunde, Spiel und Hobbys braucht!

Gehen Sie davon aus, dass Ihr Kind nicht aus Faulheit, Dummheit oder Unkonzentriertheit falsch rechnet, sondern weil es die Rechenschritte nicht ausreichend begriffen hat und daher resigniert, verweigert oder ablenkt.

Nachfolgend wird im Einzelnen dargestellt, wie die Lernschritte zum Verständnis des Rechnens in der Grundschule mit Ihrer Hilfe erreicht werden können.

Hat Ihr Kind RS, sollten Sie zunächst in dem Zahlenraum arbeiten, in dem Ihr Kind ohne Hilfe sicher rechnet. Das kann der Zahlenraum bis 10 oder 12 sein. Bis 12 gehört zu jeder Ziffer ein eigenes Zahlwort und erst danach setzen sich die Zahlen bis hundert aus dem jeweiligen Einer und Zehner zusammen. Kann Ihr Kind in der dritten Klasse noch nicht sicher bis 20 im Kopf rechnen, dann beginnen Sie dort. Erst danach ist es sinnvoll, in dem Zahlenraum zu üben, in dem die Klasse Ihres Kindes rechnet. Sofern Ihr Kind die Aufgaben noch zählend löst, sollten Sie prüfen, ob Ihr Kind seine Zählfähigkeit (vorwärts, rückwärts zählen) mit den Zählprinzipien verbinden kann.

Zählprinzipien

Eindeutigkeit: Jedem der zu zählenden Gegenstände kann nur ein Zahlwort (eins, zwei, …) zugeordnet werden, und zu einem Zahlwort gehört nur ein Gegenstand.
Stabile Ordnung: Die Reihenfolge der Zahlen ist immer gleich.
Abstraktion: Jede beliebige Anzahl von Gegenständen – gleichgültig, welche Merkmale sie haben – kann mit Zahlwörtern versehen und gezählt werden.
Beliebige Reihenfolge: Die Anzahl der Gegenstände ist unabhängig von der Reihenfolge, in der sie gezählt werden.

Erst wenn Ihr Kind im Zahlenraum bis 20 ausreichend sicher im Kopf rechnen kann, sollten die unterschiedlichen Möglichkeiten des Rechnens mit den Zahlen im Zahlenraum bis hundert und weiter behandelt werden. Auf jeden Fall sollten Sie die Rechenoperationen in den Zahlenräumen durch Darstellungen mit geeigneten Anschauungsmitteln gründlich erarbeiten. Geeignet sind u. a. Perlenketten, Plättchen, Muggelsteine und später Hundertertafel, Zahlenstrahl und Geld, die im Folgenden beschrieben und vorgestellt werden.

Zahlenräume

In der Grundschule werden allgemein in der ersten Klasse die Zahlen bis 20, in der zweiten Klasse die Zahlen bis 100, in der dritten und vierten Klasse die Zahlen bis eine Million behandelt.

Die Bedeutung des konkreten Handelns

Bei der Förderung eines Kindes mit RS ist es wichtig, das Denken des Kindes durch konkretes Handeln mit Anschauungsmitteln zu unterstützen, um ihm zu helfen, die Rechenoperationen zu »begreifen«. Anschauungsmittel, die geeignet sind, den Zugang zu mathematischen Aufgabenstellungen zu erleichtern, sind deshalb unerlässlich. Unter Fachleuten ist dabei immer wieder strittig, was das beste Material ist und wie viel Anschauungsmaterial verwendet werden sollte. Vorteilhaft ist es, Materialien zu verwenden, mit denen das Kind gern umgeht. Da auch der Umgang mit Material vom Kind erst gelernt werden muss und keines »selbstredend« ist, sollte es nicht zu häufig gewechselt werden. Es sollten deshalb nicht zu viele Materialien eingesetzt werden. Ich stelle Ihnen in diesem Buch besonders geeignete Übungsmaterialien vor, die Ihrem Kind zur Verfügung gestellt werden können.

Die Bedeutung der Automatisierung

Ein wichtiges Element der Förderung von Kindern mit RS ist das Automatisieren, d. h. das Üben des bereits Verstandenen durch mehrmalige Wiederholungen. Wenn ein Kind mithilfe des eben geschilderten konkreten Handelns eine Rechenoperation verstanden hat, muss dem unbedingt eine Automatisierung folgen, damit das Verstandene bei Bedarf (z. B. bei Klassenarbeiten) auch mit ausreichender Sicherheit eingesetzt werden kann. Andernfalls werden Sie beobachten, dass das Gelernte bald wieder vergessen ist. Bei außerschulischer Förderung, aber auch im Schulunterricht, reicht der zeitliche Rahmen für das Automatisieren des behandelten Stoffes oft nicht aus. Wenn das Elternhaus dann nicht helfend einspringt, wird der Unterschied zwischen den Kindern mit ausreichenden und nicht ausreichenden Schulleistungen immer größer. Deshalb ist es sehr wichtig, dass Sie mit Ihrem Kind die verstandenen Rechenaufgaben intensiv üben. Bei Kindern mit RS müssen in besonderem Maße das kleine Eins-plus-eins (siehe S. 71 ff.) und das kleine Ein-mal-eins (siehe S. 84 ff.) automatisiert werden. Sie sind die Basis für alle Additionen, Subtraktionen beziehungsweise Multiplikationen und Divisionen.

Erkennen der Mengeninvarianz

Das Erkennen der Mengeninvarianz d. h., zu erkennen, dass durch Verformung die Mengen unveränderlich sind, wird von vielen Fachleuten (u. a. Piaget und Inhelder) als eine wichtige grundsätzliche Voraussetzung für das Rechnen mit Zahlen angesehen. Mengeninvarianz bedeutet, dass man die Form einer Menge, z. B. eine Kugel aus Knete, verändern kann, ohne dass die Menge mehr oder weniger wird. Nach der Verformung kann sie dann wieder in ihre ursprüngliche Form zurückgeführt werden.

Die Mengeninvarianz wird von Kindern dann richtig erkannt, wenn sie in der Lage sind, die Fragen zum folgenden Versuch richtig zu beantworten: Zeigen Sie Ihrem Kind zwei gleich große Kugeln aus Knete.

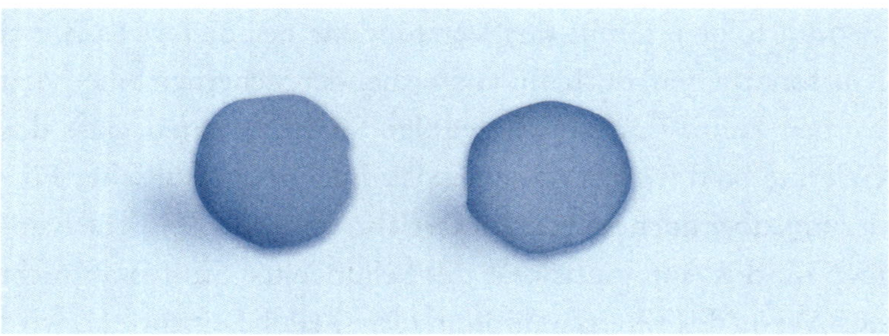

Stellen Sie gemeinsam fest, dass beide Kugeln aus gleich viel Knetmasse bestehen.

Dann verformen Sie eine Kugel zu einer Wurst. Dadurch verändern Sie die Breite und Länge der Kugel.

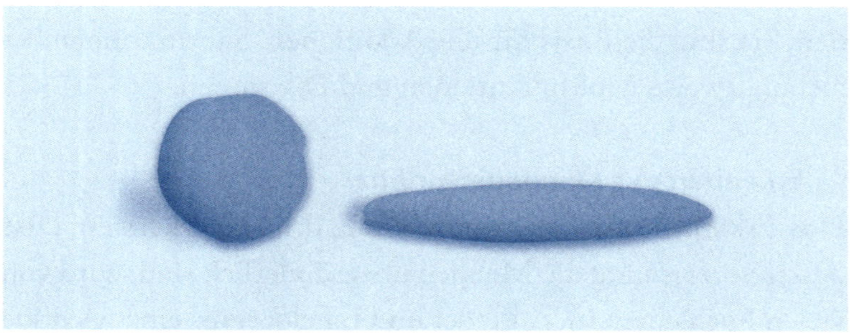

Fragen Sie nun Ihr Kind, ob sich bei der verformten Kugel – im Gegensatz zur anderen Kugel – die Menge der Knete verändert hat (Ist es nun mehr Knete? Ist es weniger Knete?) und ob die verformte Kugel wieder in die Ausgangsposition zurückgeführt werden kann.

Behauptet Ihr Kind nun, die verformte Kugel sei »mehr« geworden, da sie länger aussieht, so ist es nur auf eine Dimension fixiert (die Länge) und vernachlässigt die andere Dimension (die Breite). Das Kind erkennt nicht, dass sich aus der verformten Kugel wieder die gleiche Ausgangsform herstellen lässt. In diesem Fall ist Ihr Kind noch nicht in der Lage, eine einmal vollzogene Handlung gedanklich umzukehren.

Erst wenn Ihr Kind die beiden Dimensionen (Länge und Breite) richtig in seine Betrachtung einbeziehen kann und die Umkehrung des Vorganges (d. h. die Herstellung der Ausgangsform) versteht, hat es die Invarianz des festen Körpers erkannt. In der Regel wird es Ihnen keine besondere Mühe bereiten, Ihrem Kind – gegebenenfalls durch mehrmalige Wiederholung des Versuchs in einem gewissen Abstand – das Erkennen der Mengeninvarianz zu ermöglichen.

Solche Versuche können auch mit flüssigen Mengen (den Inhalt von zwei unterschiedlich breiten und langen Wassergläsern umgießen) und diskreten Mengen (die Form einer Reihe von jeweils sechs paarweise zugeordneten Steinen verändern) durchgeführt werden.

Beispiele aus der Mathematik dafür, dass eine »Verformung« die Anzahl nicht verändert und die »Umkehrung« zur ursprünglichen Zahl zurückführt, können Sie den einfachen Aufgaben entnehmen:
Verformung: 2 + 3 + 4 = 3 + 4 + 2
Umkehrung: 12 + 4 = 16 mit Probe 16 – 4 = 12

Erkennen der verschiedenen Zahlaspekte

Vielen Kindern mit RS und vielleicht auch Ihrem fällt das Erkennen der verschiedenen Aspekte der Zahlen schwer. Jede Zahl kann unter verschiedenen Gesichtspunkten (Aspekten) betrachtet werden. Naheliegend ist der Ordinalzahlaspekt. Er umfasst die Zählzahl, mit der die Reihenfolge beim Zählen angegeben wird (das Haus Nummer 3), und die Ordnungszahl, mit der die Rangfolge in einer Reihe benannt wird (die 2. Etage des Hauses). Kindern, die zählen können, ist der Ordinalzahlaspekt in der Regel geläufig. Sie können damit einfache Additions- und Subtraktionsaufgaben durch Vorwärts- und Rückwärtszählen lösen. Weniger bekannt ist der Kardinalzahlaspekt einer Zahl. Man erhält die Kardinalzahl beim Auszählen einer Menge mit der zuletzt genannten Zahl, die die Anzahl der Elemente dieser Menge angibt. Liegen beispielsweise fünf Äpfel auf dem Tisch, so gibt die Zahl 5 die gesamte Anzahl der Äpfel an. Mit den Kardinalzahlen werden Additionen durch Vereinigen der Elemente 3 Äpfel + 2 Äpfel = 5 Äpfel durchgeführt.

Ihr Kind hat den Kardinalzahlaspekt verstanden, wenn es nach der Durchführung dieser Aufgabe auf Ihre Frage: »Wie viele Äpfel liegen nun vor dir?«, spontan »Fünf« antwortet und die 5 bewusst auf die Anzahl der Äpfel bezieht. Dies gilt auch für Subtraktionen, die durch Wegnehmen (8 Äpfel – 5 Äpfel = 3 Äpfel) berechnet werden.

Hinzu kommen noch weitere Zahlaspekte, die im Laufe der Schulzeit eingeführt werden und nicht sofort bekannt sein müssen:
Maßzahlaspekt (3 cm, 5 Minuten)
Operatoraspekt (3-mal werden wir noch wach)
Rechenzahlaspekt (37 + 13 = 25 + 25)
Codierungsaspekt (Postleitzahl 65190)

Behandlung der Rechenoperationen im Zahlenraum bis zwanzig

Üben Sie mit Ihrem Kind das Kopfrechnen, so ist es sinnvoll, zunächst an Situationen anzuknüpfen, die veranschaulicht werden können, z. B. mit Muggelsteinen (bunte, flache Glassteinchen, siehe S. 29). Mithilfe dieses Materials kann durch Hinzufügen und Wegnehmen anschaulich gemacht werden, was unter Addition (Plusrechnung) und Subtraktion (Minusrechnung) genau zu verstehen ist. Schon Vorschulkinder verfügen über anwendungsbezogenes Wissen, das es ermöglicht, die folgende Aufgabe zu lösen.

Tom hat 4 und Lena hat 10 Muggelsteine. Tom erhält von Lena 3 Steine. Wie viele Muggelsteine haben Tom und Lena nun? Durch entsprechende Manipulation der Steinmenge (3 Steine von Lena zu Tom verschieben) können sie meist ohne Weiteres feststellen, dass beide danach 7 Steine haben. Was allerdings nicht immer klar ist und deshalb deutlich werden muss, ist, dass diese Frage durch zwei Rechenaufgaben gelöst werden kann:
$4 + 3 = 7$ und $10 - 3 = 7$
Dazu muss das Kind verstehen, was die beiden Zeichen + und – beinhalten.

Kinder mit RS lösen einfache Additionen und Subtraktionen häufig zählend, wobei meist zusätzlich die Finger benutzt werden. Bei solchen Kopfrechenaufgaben verwenden Kinder unterschiedliche Vorgehensweisen (Strategien), die im Folgenden beispielhaft erläutert werden.

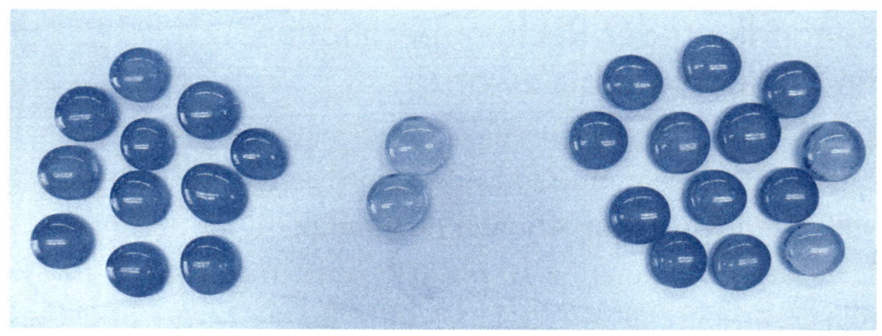

Handeln mit konkretem Material unterstützt auch das Verständnis für Kopfrechenaufgaben, zum Beispiel 11 + 2 = 13.

1. Vollständiges Auszählen

Bei der Aufgabe 5 + 3 besteht die Strategie darin, sich zunächst fünf Gegenstände (z. B. Finger, Steine), dann drei vorzustellen und anschließend die Gesamtzahl durch vollständiges Auszählen zu ermitteln. Bei der Subtraktion 7 – 4 werden zunächst in derselben Weise sieben Gegenstände zählend dargestellt und davon vier abgezogen, indem ebenfalls einzeln gezählt wird. Danach werden die verbliebenen drei ausgezählt. Bei größeren Anzahlen, bei denen über den Zehner gerechnet werden muss, verlieren die Kinder dann teilweise den Überblick und lassen Finger oder Steine weg oder zählen sie doppelt. Beim Rechnen mit den Fingern liegt es auch daran, dass wir nur zehn Finger haben und somit das Rechnen über zehn erschwert wird. Durch diese Zählstrategie kommen Lösungen zustande, die häufig vom richtigen Ergebnis minimal abweichen.

Wenn Kinder bereits den Kardinalzahlaspekt beherrschen, dann müssen sie die erste Zahl bei einer Addition oder Subtraktion nicht mehr auszählen und verwenden die folgende Strategie.

2. Weiterzählen, von der ersten Zahl ausgehend

Diese Strategie besteht bei der Aufgabe 5 + 3 darin, nicht mehr fünf auszuzählen, sondern, mit fünf beginnend, bis 8 weiterzuzählen. Bei der Aufgabe 7 – 3 werden, von sieben ausgehend, zählend 3 abgezogen. Auch hier kann es zu falschen Ergebnissen kommen, wenn die Kinder fehlerhaft zählen.

Eltern müssen sich darüber im Klaren sein, dass zählendes Rechnen für fast alle Kinder die Ausgangsbasis des Rechnens ist. Dabei benutzen in der Anfangszeit viele Kinder ihre Finger, da sie diese im Gegensatz zu anderen Anschauungsmitteln immer parat haben. Bei Schulbeginn entspricht das zählende Rechnen dem, was die Vorschulkinder vom Unterricht in der Schule erwarten, und sollte deshalb mit geeignetem Material auch gründlich behandelt werden. Im Laufe des ersten Schuljahres sollte es aber durch Kopfrechnen ohne Zählen ersetzt werden. Leider gelingt es nicht allen Lehrerinnen, das zählende Rechnen bei ihren Schülern durch sichere und schnellere Rechenverfahren zu ersetzen. Dadurch vergrößern sich die Unterschiede zwischen Kindern mit und ohne Rechenprobleme.

Es sind vor allem zwei Gründe, weshalb das zählende Rechnen mit und ohne Finger durch besser geeignete Verfahren ersetzt werden sollte:

- Zählendes Rechnen führt bei den unterschiedlichen Strategien häufig zu fehlerhaften Ergebnissen.
- Eine Aufgabe zählend zu rechnen dauert in der Regel zu lange und ist häufig ein Grund dafür, dass ein Kind zu den »langsamen Rechnern« gehört.

Sollte Ihr Kind in der zweiten Klasse noch mit den Fingern rechnen, besteht die Gefahr, dass es zunehmend Schwierigkeiten im Rechnen bekommt.

Damit Ihr Kind effektive Strategien anwenden kann, muss es Zahlen zerlegen und zueinander in Beziehung setzen können. So besteht das Prinzip der Zerlegung von Zahlen darin, dass eine Zahl, z. B. 12, aufgefasst werden kann als eine Anzahl von Objekten (z. B. Steinen), die in unterschiedlicher Weise zerlegt werden kann, ohne die Gesamtzahl zu verändern (Kardinalzahlaspekt).

Kinder mit RS erkennen derartige Zerlegungen nicht von selbst. Es muss mit ihnen systematisch mit beliebigen Zahlen geübt werden (siehe S. 70).

Prinzip der Zerlegung

Zahlen als Ganzes können in unterschiedlicher Weise in Teile zerlegt werden. 12 kann nicht nur in 10 und 2 zerlegt werden, sondern auch in 5 + 7 und hier wiederum die 5 in 2 + 3 und die 7 in 3 + 4.

3. Kopfrechnen, ohne zu zählen

Ein erster Schritt, der vom zählenden Rechnen wegführt, ist die simultane Anzahlerfassung bis 6. Damit ist die spontane Erfassung einer Anzahl (Muggelsteine), ohne zu zählen, gemeint. Je weniger Steine ein Kind auf einen Blick erfassen kann, desto eher wird es mit den Fingern zählend rechnen. Wie bereits Gerster (1996) feststellte, sind für diese Kinder Übungen zur Anzahlerfassung sehr wichtig.

Im Allgemeinen erkennen auch Kinder mit RS die Anzahl

von zwei und drei Muggelsteinen ohne große Schwierigkeiten auf einen Blick. Hilfreich ist es dabei, die Steine wie die Punkte auf einem Würfel anzuordnen. Mit etwas Übung erkennen sie auch vier und fünf Steine und schließlich auch sechs simultan, wenn sie jeweils einzeln und wiederholt wie bei einem Würfel gelegt werden.

Mithilfe eines größeren Schaumstoffwürfels mit Punkten, den sie im Handel erhalten, können Sie die Anzahlerfassung mit Ihrem Kind einfach und anschaulich üben.

Gerster empfiehlt darüber hinaus auch das Erfassen von Punktmengen, die Sie mit Muggelsteinen einzeln und wiederholt wie folgt legen können:

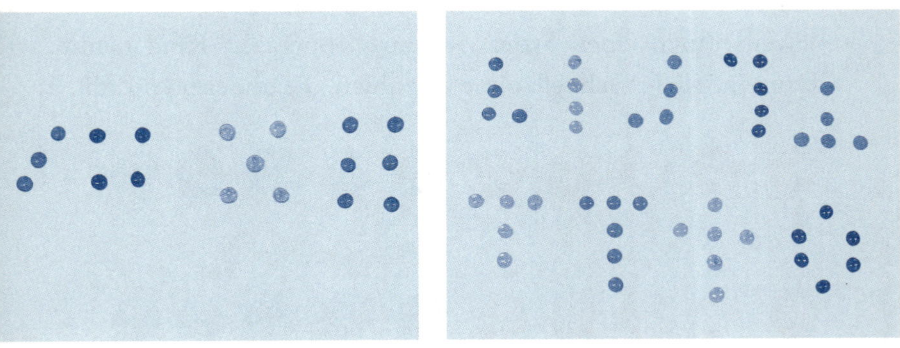

Lassen Sie Ihr Kind die Punktmenge jeweils spontan nennen.

Diese Übungen mit den Punktmengen zeigen Ihrem Kind die verschiedenen Möglichkeiten der Zusammensetzung von Zahlen bis 6 und ihre »Verformungen«.

Ein nächster Schritt weg vom zählenden Rechnen ist die Anzahlerfassung bis 10. Das bedeutet die spontane Zuordnung einer Punktmenge, beispielsweise von Muggelsteinen, zu einer Zahl (Zahlwort). Als Anschauungsmaterial eignet sich auch hier ein Zehnerfeld, bestehend aus farbigen Muggelsteinen. Die Zahlen (Anzahlen) werden von links nach rechts (Leserichtung) erfasst.

Die farbige Fünfereinteilung hilft Ihrem Kind dabei, sich schnell zu orientieren.

Sie können die Zuordnungen mit Ihrem Kind üben, indem Sie jeweils eine Anzahl von Muggelsteinen im Zehnerfeld durch einen Stift abgrenzen. Dieser Stift wird in den Abbildungen jeweils durch einen Strich gekennzeichnet. Ihr Kind nennt dann möglichst schnell, ohne zu zählen, die angezeigte Zahl.

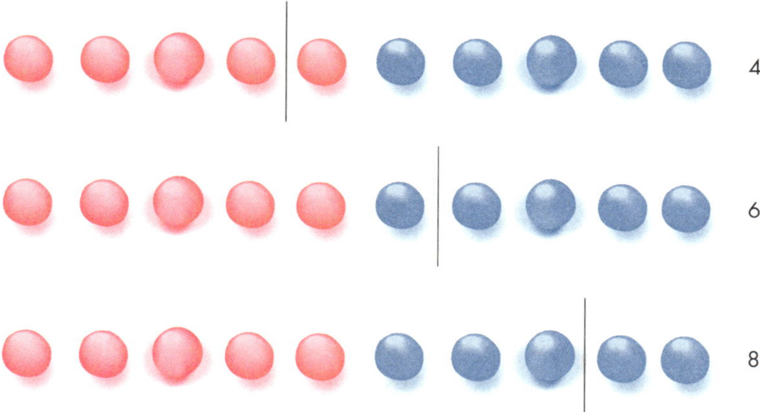

In gleicher Weise können Sie alle Zerlegungen der Zahlen bis 10, die eine Voraussetzung für das Teilschrittverfahren des nächsten Abschnitts sind, üben, z. B. 5 + 5, 7 + 3, 2 + 8.

Behandlung des kleinen Eins-plus-eins

Zum kleinen Eins-plus-eins (einschließlich Eins-minus-eins) gehören alle Additionen und Subtraktionen im Zahlenraum bis 20. Eine Zusammenstellung (ohne Ergebnisse) aller 121 Aufgaben des kleinen Eins-plus-eins und der kleinen Eins-minus-eins können Sie den folgenden Tabellen entnehmen.

Alle Kinder, auch die mit RS, müssen diese Aufgaben schnell und sicher im Kopf beherrschen. Sie sind die Grundlage für alle Additions- und Subtraktionsaufgaben, auch wenn sie schriftlich gelöst werden. Am schwierigsten sind für Kinder dabei die Zehnerübergänge, z. B. 8 + 7, 15 – 8. Häufig rechnen sie diese Aufgaben nach ihren eigenen Strategien, indem sie die ihnen vertrauten Zerlegungen der Zahlen benutzen. Wenn einem Kind z. B. die Zerlegung der 7 in 3 und 4 vertraut ist, wird es die auch meist verwenden. Das heißt, bei der Aufgabe 8 + 7 wird es zunächst 3 und dann 4 hinzunehmen. Diese Vorgehensweise ist jedoch für Kinder mit RS wenig geeignet. Besonders bewährt hat sich für diese Kinder das im Folgenden beschriebene Teilschrittverfahren, d. h. das Rechnen bis zum Zehner und dann mit dem Rest.

Eins-plus-eins-Tafel

Eins-minus-eins-Tafel

Zur Veranschaulichung der Rechenschritte beim kleinen Einsplus-eins eignen sich farbige Muggelsteine (abwechselnd 5 rote und 5 blaue), die hier in zwei Zehnerreihen gelegt werden.

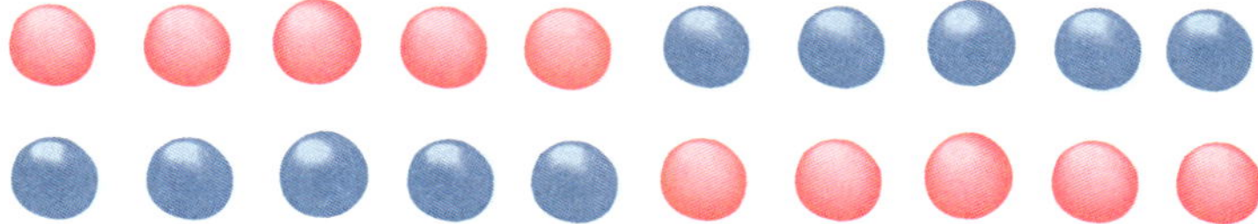

Zwanzigerfeld

Falls Ihr Kind z. B. die Aufgabe 8 + 7 im Zwanzigerfeld noch zählend lösen möchte (indem es die Steine oder Punkte einzeln abzählt), müssen Sie vorab folgende Übungen durchführen, damit Ihr Kind in der Lage ist, die einzelnen Schritte des Teilschrittverfahrens im Kopf abrufbereit zu haben.

Das Teilschrittverfahren bei der Addition

Wenn Sie die Ergänzungen der Zahlen bis 10 üben, sollten Sie dazu übergehen, die Handlungen von Ihrem Kind selbst ausführen zu lassen. Die konkrete Handlung erleichtert die Verinnerlichung, d. h. den verständnisvollen Umgang mit den Rechenoperationen.

Was Ihr Kind üben muss

- Alle Zerlegungen der Zahlen bis 10. Beispiel: Die Zerlegungen der Zahl 5 sind 0 + 5, 5 + 0, 1 + 4, 4 + 1, 2 + 3, 3 + 2.
- Alle Ergänzungen der Zahlen bis 10. Beispiele: von 4 bis 10 sind 6, von 8 bis 10 sind 2.
- Die Additionen zur 10 bis 20. Beispiele: 10 + 4 = 14, 10 + 1 = 11

Ausgehend vom Zehnerfeld mit Muggelsteinen zeigt Ihr Kind z. B. bei der Ergänzung von 8 bis 10 zunächst mit einem Stift oder Finger die 8 Steine, indem es die Stelle hinter dem achten Stein mit dem Stift oder Finger kennzeichnet. Dann ergänzt es mit einem geschwungenen Bogen nach rechts die Steine bis 10.

Ihr Kind nennt dann spontan das Ergebnis 2, da 8 + 2 = 10 ist. Es erleichtert das Vorgehen, wenn Sie mit kleinen Ergänzungen beginnen und dann größere nehmen.

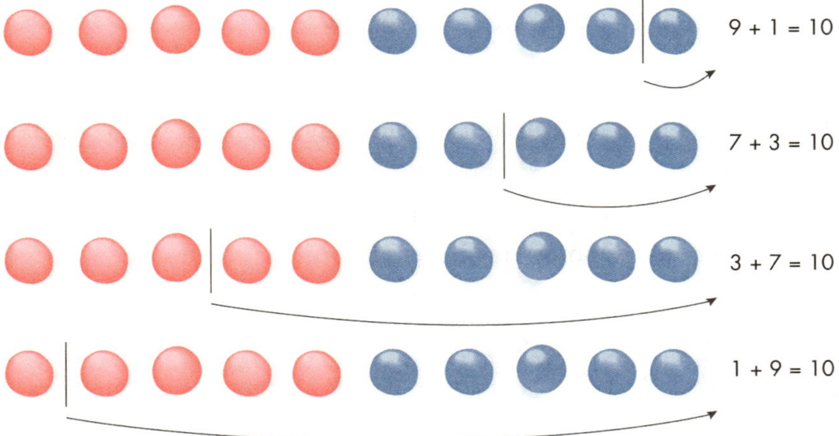

Die Additionen zur 10 üben Sie am Zwanzigerfeld, in dem Ihr Kind, von den 10 Steinen ausgehend, mit dem Stift (Finger) die jeweilige Anzahl mit einem geschwungenen Bogen hinzunimmt und das Ergebnis dann nennt.

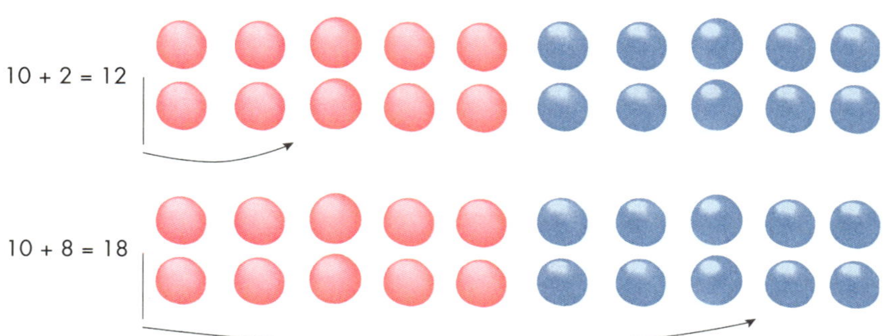

Voraussetzungen für die Subtraktion:

Was Ihr Kind zusätzlich üben muss

- Alle Subtraktionen von der 10. Beispiele: 10 – 3, 10 – 6.

Wie bei der Addition geht Ihr Kind hier vom Zehnerfeld mit Muggelsteinen aus und zeigt mit einem Stift (Finger) z. B. bei der Aufgabe 10 – 3 zunächst die 10 Steine und dann mit einem geschwungenen Bogen nach links die abzuziehenden 3 Steine und nennt spontan das Ergebnis.

Die Anzahl der verbleibenden Steine kann Ihr Kind durch die Fünfereinteilung leichter erkennen Das gilt insbesondere bei der Aufgabe 10 – 5.

10 – 3 = 7

10 – 5 = 5

Was Ihr Kind zusätzlich üben muss

- Alle Reduktionen von 20 bis zur 10. Beispiele: von 13 bis 10, von 17 bis 10.

Diese Aufgaben üben Sie mit dem Zwanzigerfeld, indem Ihr Kind bei der Aufgabe von 13 bis 10 zunächst die 13 Steine zeigt und dann mit einem geschwungenen Bogen nach links um 3 Steine zurückgeht.

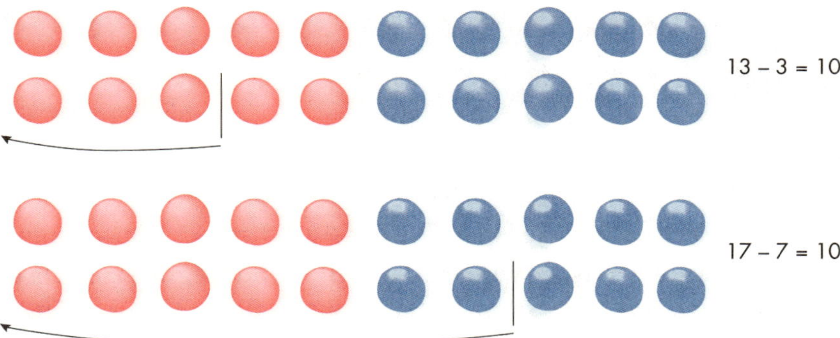

Die verbleibenden 10 Steine erkennt Ihr Kind dann durch die Vorübungen ohne Weiteres.

Beherrscht Ihr Kind diese Aufgaben, ohne zu zählen, und ohne Hilfsmittel im Kopf – insbesondere die Zerlegungen der Zahlen bis 10 –, so sind die Voraussetzungen für das Üben der Zehnerüberschreitungen mithilfe des Teilschrittverfahrens gegeben. Dieses Verfahren hat sich für Kinder mit RS als besonders geeignet erwiesen.

Diese Vorübungen sind natürlich nicht erforderlich, wenn das Kind diese Aufgaben bereits beherrscht.

Üben des Teilschrittverfahrens

In der Schule wird dieses Kopfrechenverfahren häufig nicht intensiv genug und nicht ausreichend lange geübt. Deshalb ist es nötig, bei Kindern mit RS dieses Verfahren gründlich zu wiederholen.

Im Einzelnen wird nach dem Teilschrittverfahren mithilfe des Zwanzigerfeldes wie nachfolgend gerechnet. Dabei können die Rechenschritte vom Kind nachvollzogen werden.

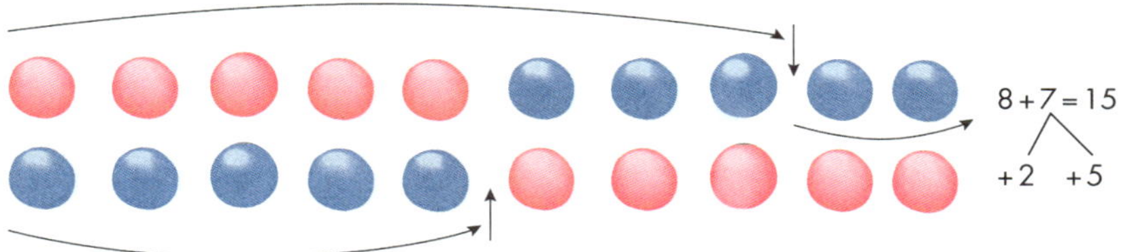

Nach den Rechengesetzen (siehe S. 89) ist:

$8 + 7 = 8 + (2 + 5) = (8 + 2) + 5 = 10 + 5 = 15$

Die zu addierende 7 wird in 2 + 5 zerlegt, damit zur 8 zunächst 2 und dann zur 10 einfach 5 hinzugefügt werden können. Bei der Subtraktion wird entsprechend verfahren.

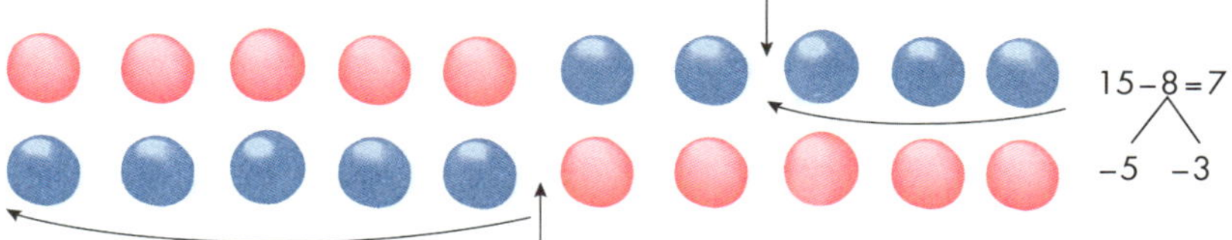

Dann ergibt sich nach den Rechengesetzen:

$15 - 8 = 15 - (5 + 3) = (15 - 5) - 3 = 10 - 3 = 7$

Die abzuziehende 8 wird in 5 + 3 zerlegt, damit von der 15 zunächst 5 und dann von der 10 einfach 3 weggenommen werden können.

Das Rechnen nach dem Teilschrittverfahren, d.h. das Rechnen bis 10 und dann der Rest, nutzt die Eigenschaften unseres Zahlensystems aus. Hat das Kind bis zehn gerechnet, braucht es praktisch nicht mehr weiterzurechnen, da es nach den Vorübungen zur Addition und Subtraktion mühelos versteht, was 10 + 3, 10 + 4 oder 14 – 4, 15 – 5 ergibt.

Genauso wie Erwachsene – zumeist unbewusst – das kleine Eins-plus-eins anwenden, müssen es auch Kinder mit RS können. Die Beherrschung des Kopfrechnens mit und ohne Zehnerübergang ist die Basis für die schnelle und sichere schriftliche Addition und Subtraktion mit großen Zahlen. Sie ist deshalb für den Mathematikunterricht in den höheren Klassen unerlässlich.

Behandlung des Zahlenraums bis hundert

Die meisten Kinder mit RS und wahrscheinlich auch Ihres haben im Zahlenraum bis 100 Verständnisschwierigkeiten. Daher ist es notwendig, diesen Zahlenraum schrittweise aufzubauen. Nach der Erarbeitung des kleinen Eins-plus-eins im Zahlenraum bis 20 wird der Zahlenraum für das weitere Rechnen und für das kleine Ein-mal-eins bis 100 erweitert.

Unser Zahlensystem basiert bekanntlich auf der Zahl 10 und heißt deshalb auch Zehnersystem. Für viele Erwachsene ist der Gebrauch unserer Zahlen so selbstverständlich, dass es ihnen schwerfällt, sich die dahinterstehenden Prinzipien bewusst zu machen, was aber nötig ist, um sie vermitteln zu können.

Dem Aufbau unseres Zahlensystems liegen im Wesentlichen zwei Prinzipien zugrunde:

1. Die Zehnerbündelung

Darunter versteht man das Zusammenfassen der Elemente einer beliebigen Menge gleicher Gegenstände zu jeweils zehn Elementen. Gemeinsam mit Ihrem Kind können Sie das veranschaulichen, indem eine beliebige Anzahl von Muggelsteinen ungeordnet auf den Tisch gelegt wird und dann jeweils zehn Steine zu einem Bündel zusammengefügt werden und der Rest (weniger als zehn) gesondert betrachtet wird. Neben dieser konkreten Darstellung mit Steinen gibt es auch eine zweite Veranschaulichungsform, nämlich die zeichnerische Darstellung mit einer Punktmenge.

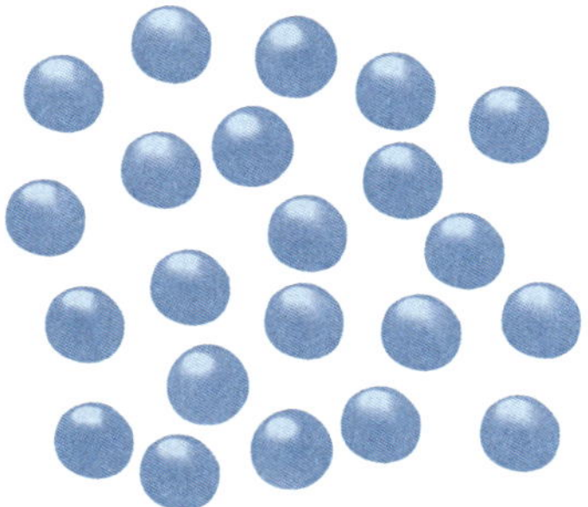

Es können dann jeweils 10 Punkte zeichnerisch zusammengefasst werden.

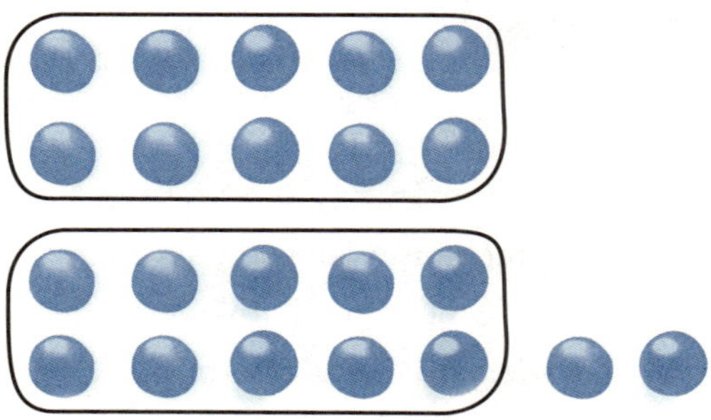

Sie erhalten bei dem Beispiel zwei Zehner und zwei Einer, die in eine gezeichnete Stellenwerttabelle eingetragen werden können.

Zehner (Z)	Einer (E)
2	2

2. Das Stellenwertsystem

Bündeln Sie eine Menge von gleichartigen Gegenständen oder Punkten, wie oben geschehen, so erhalten Sie eine Ziffernfolge, bei der jede Ziffer entsprechend ihrer Stelle einen Wert darstellt. Die rechte Ziffer repräsentiert die Einer, links daneben die Zehner (Anzahl der Zehnerbündel). Das ergibt im vorliegenden Beispiel die Zahl 22. Diese Zahl hat zwei gleiche Ziffern, jedoch mit unterschiedlichen Werten, die durch entsprechende Bezeichnungen in der Stellentafel (E, Z) gekennzeichnet werden können.

Diese Bündelung kann mit jeder beliebig großen Menge von Elementen durchgeführt werden. Dabei können auch nur Zehner und keine Einer auftreten.

Zehner (Z)	Einer (E)
2	0

Wenn eine Stelle keine Anzahl besitzt, wie hier die Einerstelle, wird sie mit Null gekennzeichnet.

Mithilfe dieser beiden Prinzipien können Sie beliebig große Zahlen mit entsprechend vielen Stellen notieren. Dazu müssen Sie lediglich die Stellen nach links weiter ergänzen: Aus 10 Zehnerbündeln wird ein Hunderterbündel, aus 10 Hunderterbündeln wird ein Tausenderbündel und so weiter. Diese Bündel werden dann in der Stellentafel entsprechend bezeichnet (Hunderter, Tausender, Zehntausender).

Zehntausender	Tausender	Hunderter	Zehner	Einer

Im Rechenbuch Ihres Kindes der 2. Klasse können Sie in der Regel Abbildungen finden, in denen mit verschiedenen Darstellungen Bündelungen zum Üben gezeigt werden. Hilfreicher ist es allerdings, wenn Ihr Kind Gelegenheit hat, die Bündelung und die Stellenwerte nicht nur durch Abbildungen, sondern auch durch konkrete Handlungen zu lernen und zu üben. Gut geeignet sind z. B. leere Eierkisten, in die Kastanien, Muggelsteine oder andere Dinge jeweils als Zehnerpackungen gelegt werden können.

Sprech- und Schreibweise der Zahlen

Üben Sie mit Ihrem Kind Zahlen mit mehreren Stellen, müssen Sie besonders auf den Unterschied zwischen Sprech- und Schreibweise achten. Im Gegensatz zu vielen anderen Sprachen werden im Deutschen die Zahlwörter zweistelliger Zahlen von rechts nach links gesprochen, aber umgekehrt von links nach rechts geschrieben, beispielsweise die Zahl dreiundzwanzig, die aus den Ziffern 2 und 3 besteht. Viele Kinder vertauschen die Ziffern, weil sie die zuerst gehörte Ziffer (hier die 3) schreiben und dann entsprechend der Schreibrichtung rechts daneben die nächste Ziffer (hier die 2) setzen. Das führt leicht zur Vertauschung der Ziffern und ergibt im genannten Beispiel die Zahl 32.

Dieses Vertauschen der Ziffern bei der Schreibweise führt natürlich zu größeren Fehlern. Man findet sie häufig bei Kindern mit RS, da sie meist mehr Zeit und anschauliches Üben benötigen, um die Prinzipien unseres Zahlensystems zu verstehen. Aber auch Kinder, die keine besonderen Probleme haben, vertauschen die Ziffern. Allerdings überwinden sie dieses Stadium meist sehr schnell. Das Vertauschen der Ziffern beruht deshalb nicht auf einer »Schwäche der Rechts-und-links-Unterscheidung«, wie immer wieder behauptet wird, sondern ist eine Frage des Verständnisses und der Wiederholung. Um dieses Verständnis zu erlangen, benötigen die Kinder, wie auch in anderen Lernsituationen, unterschiedlich viel Zeit und Hilfe.

Unterschiedliche Aspekte der Multiplikation und der Division

Viele Kinder, vor allem die mit RS, haben Schwierigkeiten mit dem Malnehmen und Teilen, also der Multiplikation und Division. Das ist insbesondere dann der Fall, wenn bei Einführung der Multiplikation nicht ausreichend an Sachsituationen aus der Umwelt des Kindes angeknüpft wird, die durch Multiplikationen dargestellt werden können. So gibt es Kinder, die zwar das Ein-mal-eins auswendig gelernt haben, aber an Sachaufgaben scheitern, bei denen es angewandt werden muss. So fällt vielleicht auch Ihrem Kind die folgende Aufgabe schwer:

Ein Kind geht dreimal zum Schrank und holt jeweils vier Teller heraus. Wie viele Teller hat es insgesamt herausgeholt? Hier wird nicht die Aufgabenstellung 3 mal 4 Teller erkannt, obwohl die Ein-mal-eins-Aufgabe $3 \cdot 4 = 12$ bekannt ist.

Des Weiteren wird oft der enge Zusammenhang der Multiplikation mit der Division in der Schule zu wenig beachtet und ausgenutzt. Wenn ein Kind das Ein-mal-eins auswendig lernt, ist es hoch motivierend, wenn es feststellt, dass es mit einer »Malaufgabe« wie 3 mal 4 gleich zwei »Geteiltaufgaben« mitgelernt hat, nämlich 12 geteilt durch 3 und 12 geteilt durch 4.

Wenn Sie mit Ihrem Kind die Multiplikation behandeln, sollten Sie deshalb darauf achten, die Umkehrung – die Division – gleich in die Betrachtung mit einzubeziehen. Nur wenn Ihr Kind beide Operationen versteht, wird es ihm gelingen, auch Sachaufgaben (Textaufgaben) richtig zu beurteilen und die zutreffende Aufgabenstellung ableiten zu können. Kindern müssen die unterschiedlichen Aspekte (Gesichtspunkte) sowohl der Multiplikation als auch der Division geläufig sein.

Beispiel: Aufgaben aus Klassenarbeit eines Schülers mit Rechenschwierigkeiten – Bemerkung der Lehrerin: »Denke an Punktrechnung vor Strichrechnung!«

$3 + 4 \cdot 6 =$ 3+24=27 $20 - 3 \cdot 6 =$ 20-18=8
$5 + 7 \cdot 8 =$ 5+64=69 $40 - 7 \cdot 5 =$ 40-35=5

Der Schüler hat offenbar mit Punktrechnung vor Strichrechnung keine Probleme. Er beherrscht allerdings das Einmaleins noch nicht und hat nur zwei von vier Aufgaben richtig.

Bei der Multiplikation sind es vor allem zwei Aspekte, die anhand von Beispielen erläutert werden sollen:

1. Das Kind greift dreimal in eine Dose mit Muggelsteinen und holt jedes Mal 4 Steine heraus. Wie viele Steine hat es insgesamt herausgeholt? Bei dieser Aufgabe kommt es auf den zeitlichen Gesichtspunkt an.
2. Vor dem Kind stehen 3 Teller, auf denen jeweils 4 Muggelsteine liegen. Wie viele Steine liegen insgesamt auf den Tellern? Bei dieser Aufgabe kommt es auf den räumlichen Gesichtspunkt an.

Insbesondere bei der letzten Aufgabenstellung ist gut zu erkennen, dass auf den Tellern $4 + 4 + 4$ Steine liegen. Das bedeutet, dass die Multiplikation auch als vereinfachte Addition angesehen werden kann.

Obwohl es bei beiden Aufgaben unterschiedliche Fragestellungen gibt, werden sie gleich berechnet mit $3 \cdot 4 = 12$.

Situationen, die zu einer Multiplikationsaufgabe führen, können nicht nur durch die beschriebenen konkreten Aufgabenstellungen dargestellt werden, sondern auch zeichnerisch durch Punktmengen der folgenden Art:

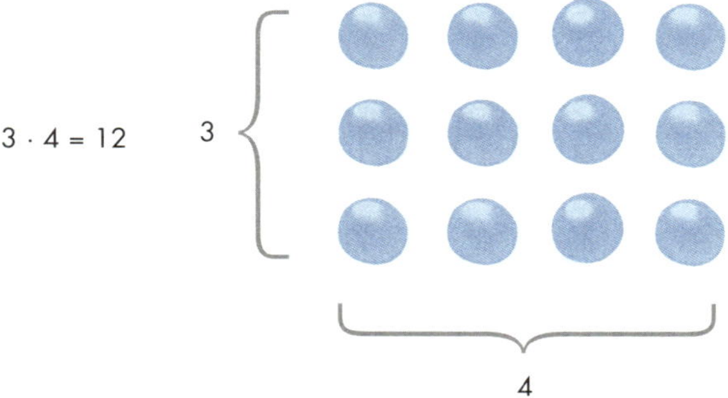

Sie können davon ausgehen, dass Ihr Kind die Multiplikation verstanden hat, wenn es ihm gelingt, bei einer Vielzahl konkreter Aufgaben der geschilderten Art mit unterschiedlichen Anzahlen von Steinen oder mit Punktmengen die zugehörigen Multiplikationen zu erkennen und umgekehrt aus Multiplikationsaufgaben die passenden Darstellungen mit Muggelsteinen oder Punktmengen zu bilden.

In gleicher Weise kann bei der Division vorgegangen werden. Hier ergeben sich in noch deutlicherer Form unterschiedliche Aspekte, wie die folgenden Beispiele zeigen:

- Vor dem Kind liegen 12 Muggelsteine. Es sollen jeweils 4 Steine auf einen Teller gelegt werden. Wie viele Teller werden benötigt? Bei dieser Aufgabe kommt es auf die Aufteilung der Steine an, z. B. in Häufchen von 4 Steinen.

- Das Kind soll 12 Muggelsteine gleichmäßig auf 4 Personen verteilen. Wie viele Steine erhält jede Person? Bei dieser Aufgabe kommt es auf die Verteilung der Steine an, z. B. auf 4 Personen.

Auch diese konkreten Aufgabenstellungen der Division können zeichnerisch als Punktmengen dargestellt werden. Bezogen auf die erste Aufgabe werden von den 12 Punkten jeweils 4 Punkte wie folgt aufgeteilt:

Bezogen auf die zweite Aufgabe werden die 12 Punkte zeichnerisch wie folgt auf 4 Personen verteilt.

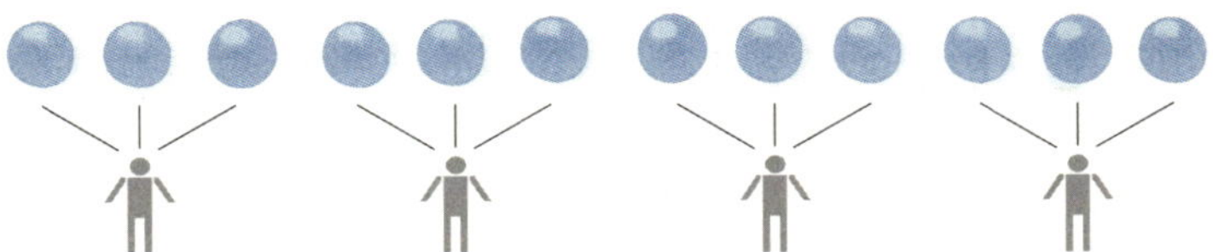

Obwohl es sich hier wieder um zwei unterschiedliche Fragestellungen handelt, führen beide zur gleichen Divisionsaufgabe 12 : 4 = 3.

Auch bei der Division sollte Ihr Kind bei einer Vielzahl von konkreten Aufgaben oder Punktmengen die zugehörige Divisionsaufgabe erkennen und umgekehrt aus Divisionsaufgaben die passenden Darstellungen bilden können.

Die Bedeutung des Gleichheitszeichens

In der Mathematik wird der überwiegende Teil der Aufgabenstellungen in Form von Gleichungen beschrieben. Deshalb ist es wichtig, neben der Bedeutung der Rechenzeichen auch die des Gleichheitszeichens zu verstehen.

In der Regel wird das Gleichheitszeichen in der Schule schon frühzeitig mit der Addition eingeführt. Weit verbreitet ist dabei die Interpretation des Gleichheitszeichens als »Ergibtzeichen: $6 + 4 = 10$ wird verstanden als 6 plus 4 ergibt 10.

Fragen Sie Ihr Kind. Es wird Ihnen wahrscheinlich das Gleichheitszeichen in dieser Form erklären. Eine derartig einseitige Deutung führt jedoch nicht nur bei Kindern mit RS bald zu Problemen. So wird z. B. bei der einfachen Addition dreier Zahlen $3 + 4 + 5$ der Rechenweg wie folgt aufgeschrieben: $3 + 4 = 7 + 5 = 12$, und dabei kein Anstoß an der unzutreffenden Gleichung $3 + 4 = 12$ genommen, die sich hieraus ergeben würde. Dadurch kommt es nicht nur zu Schwierigkeiten bei Berechnungen dieser Art, sondern auch bei der Behandlung von Gleichungen mit einer Unbekannten x wie $x - 7 = 3$, beim Verständnis der Rechengesetze, die im nächsten Abschnitt beschrieben werden, sowie bei der Berechnung von Ungleichungen und Sachaufgaben. Es ist daher wichtig, gleich von Anfang an das Gleichheitszeichen im wörtlichen Sinn als ein Zeichen zu interpretieren, das angibt, dass auf beiden Seiten »gleich viel« steht wie beispielsweise $2 + 5 = 1 + 2 + 4$. Wichtig bei einer Gleichung ist, dass man sie nur verändern kann, indem man auf beiden Seiten das Gleiche tut.

Wenn man 2 abziehen möchte, sieht die Gleichung folgendermaßen aus: 2 + 5 – 2 = 1 + 2 + 4 – 2.

Ebenso verfährt man, wenn man 2 addieren möchte: 2 + 5 + 2 = 1 + 2 + 4 + 2. Andernfalls wird aus dieser Gleichung eine Ungleichung, wenn beispielsweise nur auf der linken Seite 2 hinzugefügt oder abgezogen werden, aber nicht auf der rechten. Anschaulich erläutert werden kann deshalb eine Gleichung mithilfe einer Waage mit zwei Schalen. Sie ist im Gleichgewicht, wenn in beiden Schalen gleich viel liegt, und im Ungleichgewicht, wenn in eine Schale etwas zugelegt oder aus ihr etwas weggenommen wird.

Die wichtigsten Rechengesetze

Es gibt Rechengesetze, die in der Regel auch Kindern mit RS kaum Schwierigkeiten bereiten. Das sind die Vertauschungsgesetze der Addition und der Multiplikation, die durch Tauschaufgaben dargestellt werden können.
Beispiel: 4 + 3 = 3 + 4 und 3 · 4 = 4 · 3

Allerdings ist den Kindern nicht immer bewusst, dass diese Gesetze nicht bei der Subtraktion und der Division gelten. Die Vertauschung der Zahlen bei der Addition hilft Kindern beim Kopfrechnen, da z. B. 8 + 3 leichter zu rechnen ist als 3 + 8. Bei der Multiplikation erleichtert das Vertauschungsgesetz das Lernen des Ein-mal-eins, da z. B. 3 · 7 und 7 · 3 zum gleichen Ergebnis führen und nicht gesondert gelernt werden müssen.

Das Vertauschungsgesetz lässt sich durch entsprechende Punktmengen zeichnerisch leicht darstellen.

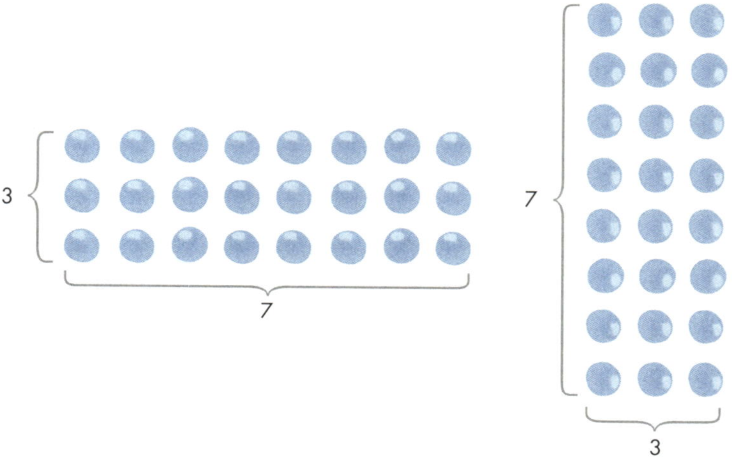

Eine Veranschaulichung des Verbindungsgesetzes der Addition und der Multiplikation ist etwas schwieriger.

Beispiel: $(4 + 3) + 5 = 4 + (3 + 5)$

$(4 \cdot 3) \cdot 5 = 4 \cdot (3 \cdot 5)$

Hierbei ist wichtig, dass die Klammern zuerst berechnet werden. Die Gleichheit beider Seiten lässt sich jeweils durch Nachrechnen zeigen. Leicht durch Punktmengen zu veranschaulichen ist hingegen das Verteilungsgesetz der Multiplikation bezüglich der Addition.

Beispiel: $2 \cdot (3 + 4) = 2 \cdot 3 + 2 \cdot 4$

Diese Gleichheit lässt sich durch die folgenden Punktmengen veranschaulichen:

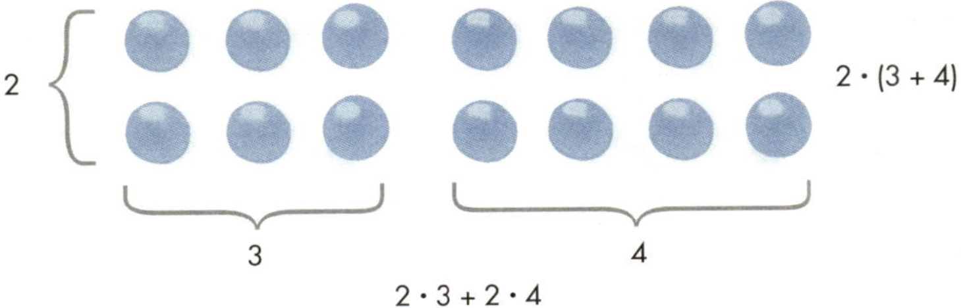

Dieses Verteilungsgesetz müssen die Kinder anwenden, wenn sie das große Ein-mal-eins berechnen, indem sie es auf das kleine Ein-mal-eins, das sie bereits gelernt haben, zurückführen. Beispiel: $2 \cdot 13 = 2 \cdot (10 + 3) = 2 \cdot 10 + 2 \cdot 3$

Es ist daher unnötig und zeitaufwendig, das große Ein-mal-eins auswendig zu können, wie es oft im Unterricht gefordert wird.

Die Bedeutung des halbschriftlichen Rechnens

Traditionell wird das halbschriftliche Rechnen in der Schule nur als kurzer Zwischenschritt zum schriftlichen Rechnen angesehen und deshalb nicht intensiv genug geübt. Es gibt sogar Fachleute, die die Auffassung vertreten, dass für Kinder mit RS das halbschriftliche Verfahren weggelassen und dafür gleich das schriftliche Verfahren behandelt werden sollte.

Beispiel: Aufgabe mit Bemerkung der Lehrerin aus der Klassenarbeit einer Schülerin mit Rechenschwierigkeiten

Das kannst du schon!

1.

3	6	+	5	0	=	8	6
2	1	+	3	9	=	5	1
4	7	+	2	7	=	7	4
6	6	+	1	9	=	8	5

9	9	-	8	3	=	1	6	
1	3	+	4	7	=	5	1	
4	2	-	2	3	=	2	1	
8	1	+	1	9	=	8	1	

Im Gegensatz zur Meinung der Lehrerin hat die Schülerin der 3. Klasse Verständnisschwierigkeiten sowohl bei der Addition als auch bei der Subtraktion bis 100. Sie rechnet nur vier von acht Aufgaben richtig.

Gerade für Kinder mit RS ist es aber besonders wichtig, ein gesichertes Verständnis für die Zahlen und die Rechengesetze zu erlangen, was nur durch das halbschriftliche Verfahren erreicht wird. Andernfalls erhöht sich bei diesen Kindern die Zahl der Rechenfehler weiter und der Unterschied zu den »besseren Schülern« wird immer größer. Um das zu vermeiden, müssen Sie das halbschriftliche Rechnen gründlich anhand von Aufgaben mit allen vier Rechenarten und in anschaulicher Form üben, bis es ausreichend automatisiert ist. Erst dann kann Ihr Kind das verstandene Verfahren mit der nötigen Sicherheit einsetzen.

Erwachsene wissen, dass es verschiedene Möglichkeiten gibt, z. B. die Aufgaben 35 – 12 und 32 – 15 zu berechnen.

In jedem aktuellen Rechenbuch für die 2. Klasse sind unterschiedliche Rechenwege für derartige Aufgaben zu finden. Für Kinder, die schon sicher mit zweistelligen Zahlen und den Rechenoperationen umgehen können, wird dadurch das Verständnis der Zusammenhänge erhöht. Das gilt allerdings nicht für Kinder mit RS, da sie oft mechanisch rechnen. Ihr Rechenweg besteht nicht selten darin, stellenweise zu rechnen, was ungeeignet ist, wie Sie gleich sehen werden:

Bei der Aufgabe 35 – 12 wird stellenweise, d. h. erst die Zehner, dann die Einer, gerechnet, also 30 – 10 und 5 – 2, was zum richtigen Ergebnis 20 + 3 führt. Bei der Aufgabe 32 – 15 wird dann nach dem gleichen Muster gerechnet 30 – 10 und 2 – 5.

Da aber 2 – 5 »nicht geht«, wird einfach 5 – 2 gerechnet, wodurch sich das falsche Ergebnis 20 + 3 ergibt. Den Kindern ist in der Regel nicht klar, dass 2 – 5 = –3 ist, da in der Grundschule noch nicht mit negativen Zahlen gerechnet wird.

Wie das Beispiel zeigt, führt die Strategie des stellenweisen Rechnens bei einem Teil der Aufgaben zu einem richtigen und bei einem anderen Teil zu einem falschen Ergebnis.

Für Kinder mit RS hat es sich aber als sehr hilfreich erwiesen, wenn sie nur eine Strategie anwenden, die sowohl bei der Addition als auch bei der Subtraktion zum richtigen Ergebnis führt und die sie leicht verstehen.

Eine derartige Strategie ist das halbschriftliche Rechnen, das im nachfolgenden Abschnitt behandelt wird. Wegen seiner Bedeutung wird es für alle Rechenarten im Einzelnen vorgestellt und anschaulich gemacht.

Zur Veranschaulichung des halbschriftlichen Rechnens mit zweistelligen Zahlen ist z. B. der Zahlenstrahl gut geeignet.

Der Zahlenstrahl

Der Zahlenstrahl besteht aus einem waagerechten geraden Strich, der durch Angabe der Richtung (Pfeil) ein Strahl wird. Auf ihm werden die Zahlen in der angegebenen Richtung von links nach rechts ansteigend durch jeweils kleine senkrechte Striche dargestellt. Dazu wird auf dem Strahl zunächst die Null beliebig festgelegt und dann rechts daneben in geeignetem Abstand die Eins. Mit diesen beiden Festlegungen (null und eins) sind alle Zahlen des Zahlenstrahls jeweils durch den Abstand wie zwischen null und eins bestimmt.

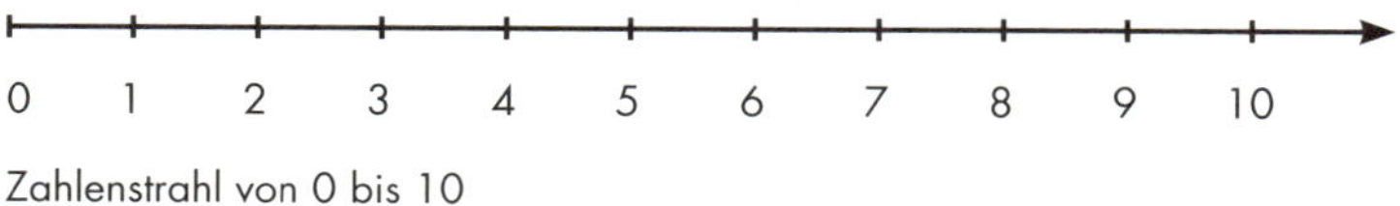

Zahlenstrahl von 0 bis 10

Der in dieser Form gezeichnete Zahlenstrahl erleichtert z. B. die Veranschaulichung der Operationen des halbschriftlichen Rechnens, allerdings nur dann, wenn dem Kind sein Aufbau vertraut ist. Dazu gehört das Verständnis dafür, dass der Abstand zwischen zwei aufeinanderfolgenden Zahlen (Strichen), z. B. zwischen 0 und 1, stets ein Zählschritt ist. Des Weiteren ist der Abstand zwischen drei aufeinanderfolgenden Zahlen, z. B. 0, 1 und 2 oder 3, 4 und 5, stets zwei Zählschritte.

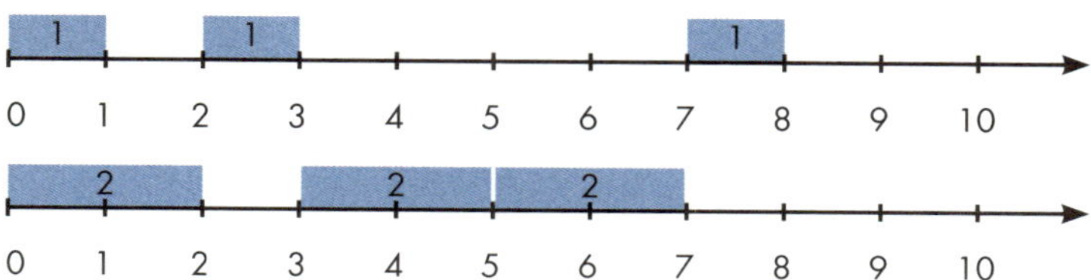

Kinder mit RS interpretieren oft den 1., 2., 3. ... Strich eines Zahlenstrahls als die Zahl 1, 2, 3 ... im Sinne einer Zählzahl (Ordnungszahl) und nicht als eine Menge von Abschnitten (Kardinalzahl).

Beispiel: Zahlenangaben in einem vorgegebenen Zahlenstrahl in der Klassenarbeit einer Schülerin mit Rechenschwierigkeiten

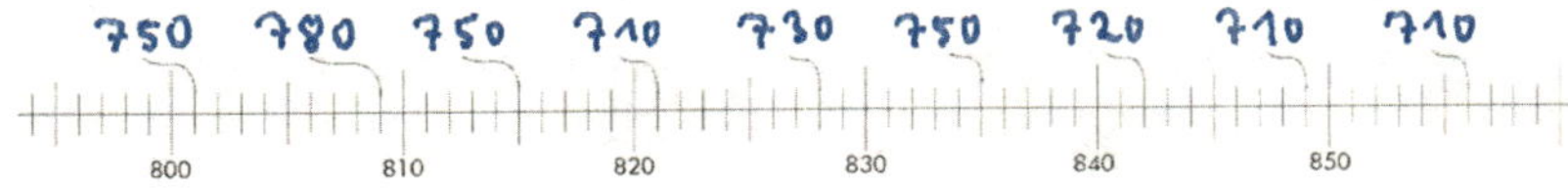

Die Schülerin der 3. Klasse hat den Aufbau eines Zahlenstrahls, der im Hunderter- und Tausenderraum die gleiche Struktur hat, nicht verstanden, entsprechend hat sie keine einzige Zahl richtig eingetragen.

Das anschaulichste Beispiel eines Zahlenstrahls ist das Lineal. Hier sind, beginnend mit der Null, jeweils die Abstände in Millimetern (mm) durch kleine Striche und die Abstände in Zentimetern (cm) durch größere und nummerierte Striche dargestellt. Hierdurch wird deutlich, dass es auf die Abstände zwischen den Strichen (die Länge) ankommt und die nummerierten Striche die Anzahl der Abstände (in cm) angeben. Sie können das Lineal verwenden, um den Aufbau des Zahlenstrahls an verschiedenen Beispielen zu üben. Um festzustellen, ob Ihr Kind den Aufbau des Zahlenstrahls (Lineals) verstanden hat, lassen Sie sich von ihm erläutern, dass es hierbei jeweils auf den Abstand von 0 bis 3, von 0 bis 7, von 0 bis 17 ankommt und nicht so sehr auf die Striche 3, 7, 17.

Ist der Kardinalzahlaspekt des Zahlenstrahls Ihrem Kind auf diese Weise vertraut, kann das halbschriftliche Rechnen mithilfe des Zahlenstrahls gut veranschaulicht werden. Im

Folgenden werden die einzelnen Rechenschritte bei den vier Rechenarten anhand von Zahlenbeispielen behandelt.

Üben der halbschriftlichen Addition und Subtraktion

Für die halbschriftliche Addition und Subtraktion ist das kleine Eins-plus-eins eine wichtige Voraussetzung. Auch hier ist es sinnvoll, die Addition nicht isoliert von der Subtraktion zu behandeln.

Beispiel: Bei der Addition 32 + 15 wird zunächst die zu addierende Zahl 15 in Zehner und Einer (10 + 5) zerlegt. Dann wird, mit der Zahl 32 beginnend, schrittweise wie folgt gerechnet: 32 + 10 = 42 und danach 42 + 5 = 47, denn unter Ausnutzung der Rechengesetze ergibt sich
32 + 15 = 32 + (10 + 5) = (32 + 10) + 5 = 42 + 5 = 47.

Diese Vorgehensweisen können Sie Ihrem Kind am Zahlenstrahl veranschaulichen, indem die einzelnen Rechenschritte durch Bögen gekennzeichnet werden.

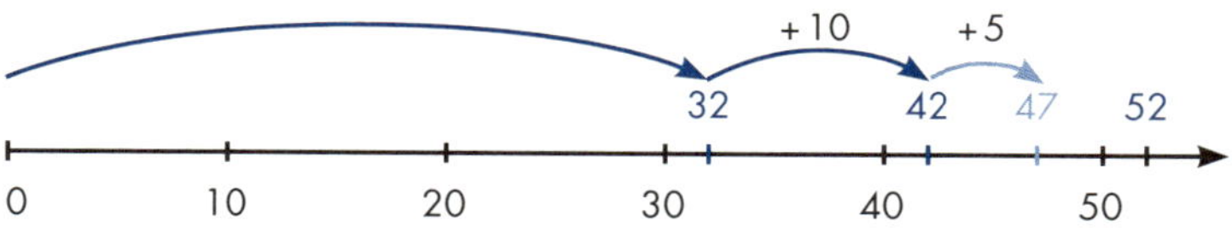

Beispiel: Analog wird bei der Subtraktion 32 – 15 zunächst im Kopf die abzuziehende Zahl 15 in 10 + 5 zerlegt und dann

schrittweise gerechnet: $32 - 10 = 22$ und danach $22 - 5 = 17$, denn hier ergibt sich nach den Rechengesetzen
$32 - 15 = 32 - (10 + 5) = (32 - 10) - 5 = 22 - 5 = 17$.

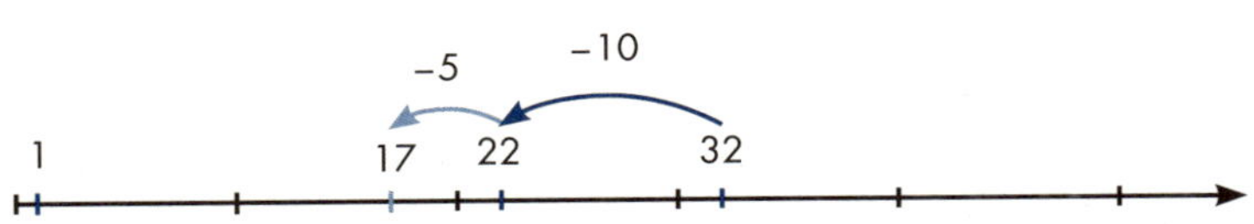

Ein Vorteil dieses Verfahrens besteht darin, dass für Addition und Subtraktion die gleiche Vorgehensweise (Zerlegung der zweiten Zahl) gilt.

Üben der halbschriftlichen Multiplikation und Division

Wichtige Voraussetzungen hierfür sind die Beherrschung des kleinen Ein-mal-eins und die Multiplikation mit Zehnerzahlen (z. B. $3 \cdot 10 = 30$, $3 \cdot 20 = 3 \cdot 2 \cdot 10 = 60$).

Beispiel: Man beginnt auch bei der Multiplikation $3 \cdot 24$ mit der Zerlegung der zweistelligen Zahl $24 = 20 + 4$ im Kopf und rechnet schrittweise $3 \cdot 20 = 60$, dann $3 \cdot 4 = 12$ und dann $60 + 12 = 72$. Denn nach den Rechengesetzen gilt, $3 \cdot 24 = 3 \cdot (20 + 4) = 3 \cdot 20 + 3 \cdot 4 = 60 + 12 = 72$.

Auch die halbschriftliche Multiplikation kann am Zahlenstrahl räumlich durch Beschreibung der einzelnen Schritte mit Bögen veranschaulicht werden.

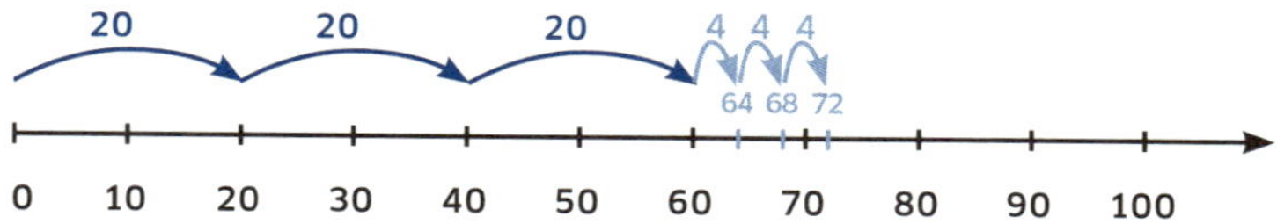

Bei der halbschriftlichen Division ist es zur Vorbereitung sinnvoll, zunächst die Division von Zehnerzahlen zu üben (z. B. $30:3 = 10$, $60:3 = 20$).

Beispiel: Auch bei der Division $72 : 3$ wird das Kopfrechnen durch Zerlegung der zweistelligen Zahl $72 = 60 + 12$ erleichtert. Dabei wird die zweistellige Zahl so zerlegt, dass die Division durch die einzelnen Summanden (60 und 12) möglichst leicht gelingt. Dann wird wieder schrittweise wie folgt gerechnet: $60 : 3 = 20$, dann $12 : 3 = 4$ und dann $20 + 4 = 24$, denn nach den Rechengesetzen gilt
$72:3 = (60 + 12):3 = (60:3) + (12:3) = 20 + 4 = 24$.

Zur Sicherheit sollte durch eine Probe $(24 \cdot 3)$ das Ergebnis geprüft werden. Am Zahlenstrahl kann die Verteilung der Abschnitte in den zwei beschriebenen Schritten veranschaulicht werden, wobei hier die Umkehrung der Multiplikation sehr deutlich wird.

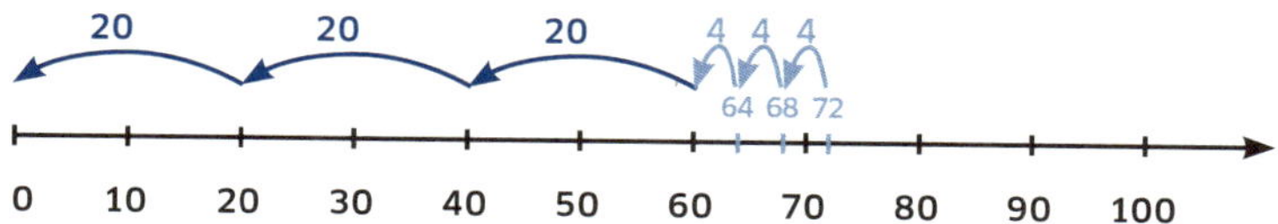

Bei dem halbschriftlichen Rechenverfahren handelt es sich genau genommen um Kopfrechnen, das durch Notieren einzelner Zwischenschritte erleichtert wird. Entscheidend hierbei ist, dass man von den ganzen Zahlen ausgeht, nur eine Zahl zerlegt und die Rechengesetze richtig anwendet (Zahlenrechnen). Dadurch entzieht sich das halbschriftliche Rechnen weitgehend dem mechanischen Rechnen. Dies tritt beim schriftlichen Rechnen, bei dem die Zahlen untereinandergeschrieben und ziffernweise addiert oder subtrahiert werden (Ziffernrechnen), leicht ein. Wenn Ihr Kind das halbschriftliche Rechnen intensiv geübt hat, ist die Beherrschung der schriftlichen Rechenverfahren das nächste Ziel Ihrer Bemühungen.

Das schriftliche Verfahren ist auch für Ihr Kind das einfachste und schnellste Rechenverfahren, um die Grundrechenaufgaben zu bewältigen. Das Problem für Sie ist allerdings, dass in der Schule das schriftliche Rechnen nach bestimmten Vorschriften (Algorithmen) durchgeführt werden muss und Sie vielleicht ein anderes Verfahren gelernt haben. Ein Algorithmus ist ein allgemeingültiges, in seiner Vorgehensweise genau festgelegtes Verfahren für spezielle Anwendungsfälle (z. B. Addition, Multiplikation). Als Folge der Kulturhoheit der Bundesländer sind diese Vorschriften in Deutschland allerdings nicht einheitlich. Sie richten sich nach den amtlichen Rahmenrichtlinien (Bildungsplänen) in den einzelnen Ländern. Das gilt zum Beispiel für die schriftliche Subtraktion und für die Division. Das liegt unter anderem daran, dass es mehrere Lösungswege gibt und die Länder sich nicht auf jeweils ein Verfahren einigen konnten. Sowohl die Schreib- als auch die Sprechweise bei der Lösung der Aufgaben sind in der Regel vorgeschrieben und können sich deshalb unterscheiden.

Die schriftlichen Verfahren benötigt Ihr Kind vor allem ab der 3. Klasse für die Rechenaufgaben beim Rechnen mit dreistelligen und größeren Zahlen.

Beispiel: Berechnung von drei Additionen in der Klassenarbeit einer Schülerin mit Rechenschwierigkeiten – Bemerkung der Lehrerin: »Rechne schrittweise!«

a) 342 + 337 =
342 + 300 = 642 + 30 = 672 + 7 = 672

b) 546 + 348 =
546 + 300 = 848 + 40 = 888 + 8 = 986

c) 464 + 228 =
464 + 200 = 664 + 20 = 684 + 8 = 782

Die Schülerin hat mit dem schrittweisen (halbschriftlichen) Rechnen wenig Probleme, ist aber im Kopfrechnen sehr unsicher und hat die Bedeutung des Gleichheitszeichens (S. 88) nicht erkannt.

Zum besseren Verständnis werden im Folgenden die verschiedenen Rechenwege zunächst anhand von Aufgaben mit zweistelligen Zahlen behandelt. Das erleichtert Ihnen und Ihrem Kind den Vergleich mit dem bereits beschriebenen halbschriftlichen Rechnen. Nach meiner Erfahrung ist es auch hilfreich, mit Ihrem Kind für eine Übergangszeit nach beiden Verfahren parallel zu rechnen.

Übergang zur schriftlichen Addition und Subtraktion

Vielleicht gehört auch Ihr Kind zu denjenigen, die Additions- und Subtraktionsaufgaben, wie sie im vorigen Kapitel behandelt wurden, vorzugsweise nach dem schriftlichen Verfahren durch »Untereinanderschreiben« der Zahlen lösen wollen. Wie im vorigen Kapitel begründet, sollte aber zunächst das halbschriftliche Verfahren sicher erarbeitet sein, bevor der Übergang zum schriftlichen Verfahren erfolgt.

Die schriftliche Addition und Subtraktion muss, wie gesagt, nach allgemein vereinbarten Vorgehensweisen (Algorithmen) gerechnet werden. Dabei schreiben die Rahmenrichtlinien sogar die Sprechweise vor, die bei der Durchführung der Rechnung von den Kindern verwendet werden soll. Auch im Mathematikunterricht Ihres Kindes wird deshalb eine derartige Sprechweise beim schriftlichen Rechnen geübt werden.

Im Folgenden beschreibe ich Ihnen die Algorithmen der schriftlichen Addition und Subtraktion mit der vorgeschriebenen Sprechweise für die Schüler und veranschauliche diese Operationen mit Geld in leicht nachvollziehbarer Form.

Schriftliche Addition mit 2-stelligen Zahlen

Der Algorithmus bei einer schriftlichen Addition, z. B. 65 + 17 – bei der eine Zahl zu übertragen ist –, kann durch die Schreibweise in eine Stellenwerttafel wie folgt verdeutlicht werden:

	Z	E
	6	5
+	1 $_1$	7
	8	2

Hierbei beginnt die Addition bei den Einern (E), die von unten nach oben zusammenaddiert werden 7 E + 5 E = 12 E. Wenn dabei die Ziffer 9 überschritten wird, notiert man die Einer (2 E) und schreibt den zu übertragenden Zehner (10 E) als Merkzahl (1). Letzterer wird am unteren Rand der nächsten Stelle als kleine (blaue) Ziffer festgehalten (Sprechweise: 7 plus 5 ist 12, schreibe 2 und merke 1). Die Übertragungszahl 1 Z wird dann mit den Zahlen 1 Z und 6 Z der nächsten Stelle addiert und das Ergebnis 8 Z in der Zehnerstelle notiert, da es nicht den Hunderter überschreitet (Sprechweise: 1 plus 1 ist 2, 2 plus 6 ist 8).

Geldmünzen und Geldscheine

Sie können Spielgeld verwenden oder mit Ihrem Kind aus Pappe oder festem Papier selbst herstellen. Das Geld lässt sich zeichnerisch ebenfalls leicht als Kreise oder kleine Rechtecke mit den Zahlen darin darstellen: 1, 10, 100 Euro. Mit diesem Veranschaulichungsmittel kann die Aufgabe 65 € + 17 € wie folgt mit Spielgeld verdeutlicht werden:

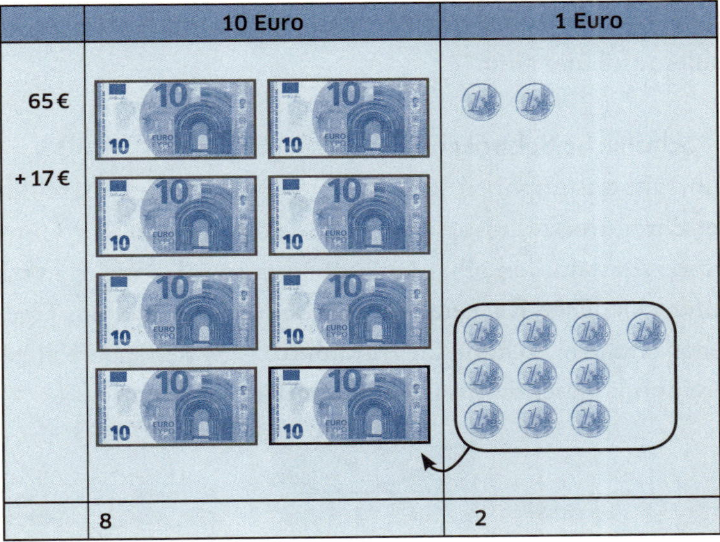

Zunächst werden die Münzen und Scheine stellengerecht in die 1-Euro- und 10-Euro-Spalte für jeden Betrag getrennt eingetragen oder gelegt. Beginnend mit den 1-€-Münzen wird 7 € + 5 € = 12 € gerechnet und davon die 2 € in die 1-€-Spalte notiert. Die zehn 1-€-Münzen werden gebündelt, indem sie mit einem farbige Stift umfahren werden und als 10-€-Schein in die nächste Spalte übertragen. Dann werden die 10-€-Scheine addiert: 2 · 10 € + 6 · 10 €, und das Ergebnis 80 € in die 10-€-Spalte notiert. Aufgaben mit Übertrag können Sie in der beschriebenen Form mit Ihrem Kind üben. Ist das Verfahren Ihrem Kind vertraut, üben Sie das Rechnen an vielen Beispielen ohne Anschauungsmaterial.

Additionsaufgaben, bei denen keine Zahl zu übertragen ist, z. B. 65 + 14, bereiten den Kindern meist keine besonderen Schwierigkeiten, wenn das kleine Eins-plus-eins gefestigt ist. Das trifft jedoch nicht für Subtraktionsaufgaben zu, die fehleranfälliger sind.

Schriftliche Subtraktion mit 2-stelligen Zahlen

Subtraktionsaufgaben können auch nach der »Untereinanderschreibweise«, also schriftlich, gelöst werden. Im Unterschied zur Addition gibt es allerdings bei der Subtraktion sehr unterschiedliche Rechenwege wie das Abzugs- und das Ergänzungsverfahren. So kann die Aufgabe 65 – 34 stellengerecht untereinandergeschrieben wie folgt notiert werden.

	Z	E
	6	5
–	3	4
	3	1

Beginnend mit den Einern von oben nach unten gerechnet: 5 E – 4 E = 1 E, wird das Ergebnis (1 E) in die Einerstelle eingetragen (Sprechweise: 5 minus 4 ist 1, schreibe 1). Ebenso werden die Zehner durch Abziehen ermittelt: 6 Z – 3 Z = 3 Z, und das Ergebnis (3) in die Zehnerstelle eingetragen (Sprechweise: 6 minus 3 ist 3, schreibe 3). Diese Vorgehensweise heißt Abzugsverfahren.

Die gleiche Aufgabe kann aber auch von unten nach oben gerechnet werden, indem von 4 E bis 5 E ergänzt und das Ergebnis (1) in die Einerstelle eingetragen wird (Sprechweise: von 4 bis 5 ist 1, schreibe 1). Dann wird an der nächsten Stelle von 3 Z bis 6 Z ergänzt und das Ergebnis (3) in die Zehnerstelle geschrieben (Sprechweise: von 3 bis 6 ist 3, schreibe 3). Diese Vorgehensweise heißt Ergänzungsverfahren.

Diese beiden Verfahren ermöglichen es Ihnen, auch die Algorithmen bei den schriftlichen Subtraktionen mit Übertrag wie 32 – 15 durchzuführen.

Wenn hierbei nach dem Ergänzungsverfahren von unten nach oben gerechnet wird, muss bei den Einern von 5 E zu 2 E ergänzt werden, was nicht ohne Weiteres geht. Diese Ergänzung kann nur durch einen Übertrag vorgenommen werden. Nun gibt es für die Bildung eines Übertrages bei der Subtraktion verschiedene Techniken wie die Erweiterungs- und die Borgetechnik.

Erweiterungstechnik

Nach meiner Erfahrung bietet Kindern mit Rechenschwierigkeiten die Erweiterungstechnik weniger Fehlermöglichkeiten als die Borgetechnik. Deshalb beschränke ich mich hier auf die Beschreibung dieser Vorgehensweise. Wenn in der Schule Ihres Kindes nicht ausdrücklich eine andere Technik verlangt wird, empfehle ich Ihnen diese. Um diese Technik zu verstehen, muss dem Kind allerdings »die Konstanz der Differenz« geläufig sein, ohne dass es diesen Ausdruck selbst lernen muss. Das Gesetz von der Konstanz der Differenz lässt sich einfach an Alltagssituationen verdeutlichen:

Beispiel: Angenommen, Ihr Kind hat 8 € gespart und sein Freund 5 €. Der Unterschied (die Differenz) zwischen beiden Beträgen ist 3 €, was Ihr Kind leicht feststellen wird. Bekommt nun jedes Kind jeweils 10 € dazugeschenkt, dann hat Ihr Kind 8 € + 10 € und der Freund 5 € + 10 €. Der Unterschied zwischen ihren gesparten Beträgen ist wieder 3 € (Konstanz der Differenz).

Eine ähnliche Alltagssituation ergibt sich, wenn der Altersunterschied zwischen zwei Kindern 4 Jahre beträgt. 10 Jahre später ist der Altersunterschied dann immer noch 4 Jahre.

Die Konstanz der Differenz erlaubt bei jeder beliebigen schriftlichen Subtraktionsaufgabe (Differenzbildung) zur oberen und unteren Zahl einen Zehner, Hunderter, Tausender je nach Bedarf hinzuzurechnen, ohne dass sich das Ergebnis verändert. Üben Sie mit Ihrem Kind hiernach an verschiedenen Beispielen, damit es das Gesetz der Konstanz versteht.

Mithilfe dieser Erweiterungstechnik kann nun die Aufgabe 32 – 15 stellengerecht in eine Stellentafel geschrieben und wie folgt nach dem Ergänzungsverfahren recht einfach gerechnet werden.

Z	E
3	2
– 1 $_1$	5
1	7

Beginnend mit den Einern, kann jetzt von 5 E bis 2 E + 10 E ergänzt werden, wenn zur oberen Zahl 10 € hinzugefügt werden. Das Ergebnis (7) wird in die Einerstelle eingetragen. Die nun zur unteren Zahl zu addierenden 10 E werden als Merkzahl (1) in die nächste Stelle übertragen (Sprechweise:

Von 5 bis 2 geht nicht, von 5 bis 12 ist 7, schreibe 7, merke 1). Dann wird in der Zehnerstelle die Merkzahl mit 1 Z addiert (1 Z + 1 Z) und zu 3 Z ergänzt. Das Ergebnis 1 Z wird in der Zehnerstelle notiert (Sprechweise: 1 plus 1 ist 2, von 2 bis 3 ist 1, schreibe 1).

Auch die Aufgabe 32 – 15 kann mit Spielgeld gut veranschaulicht werden.

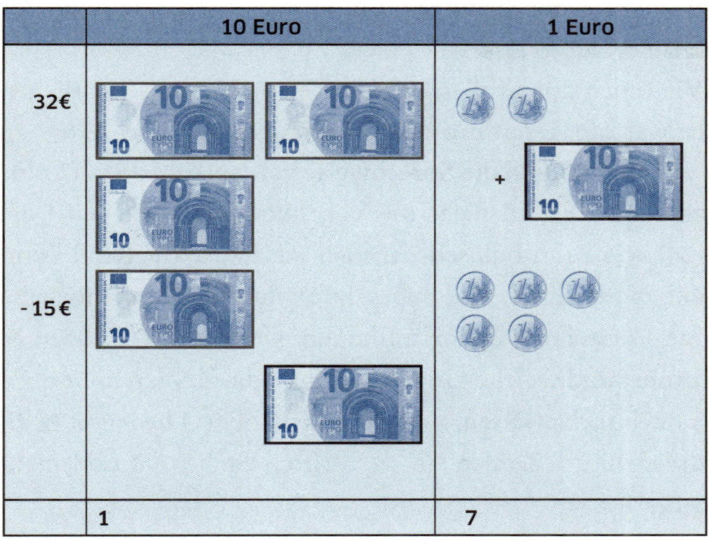

Hier werden zunächst die 1-€-Münzen und 10-€-Scheine stellengerecht in die entsprechenden Spalten gezeichnet oder gelegt. Da in der 1-€-Spalte nicht von fünf 1-€-Münzen zu zwei 1-€-Münzen ergänzt werden kann, wird nach der Erweiterungstechnik oben in der 1-€-Spalte ein 10-€-Schein (zehn 1-€-Münzen) und unten in der 10-€-Spalte ebenfalls ein 10-€-Schein hinzugefügt. Danach kann von 5 € zu 12 € ergänzt werden. Das Ergebnis (7) wird notiert. Ebenso kann in der nächsten Spalte von zwei 10-€- zu drei 10-€-Scheinen ergänzt werden und das Ergebnis (1) eingetragen werden.

Wenn Sie mit Ihrem Kind die schriftliche Subtraktion an weiteren Beispielen üben, sollten Sie jeweils nur eine Vorgehensweise verwenden, beispielsweise das Ergänzungsverfahren mit der Erweiterungstechnik, wie es das Bundesland Hessen vorschreibt. Wenn in der Klasse Ihres Kindes ein anderes Verfahren benutzt wird, müssen Sie es sich von der Lehrerin erklären lassen.

Wie Ihnen aufgefallen sein dürfte, wird beim schriftlichen Rechenverfahren nur mit den Ziffern gerechnet (2 + 6, 6 – 3), was vor allem durch die Sprechweise verdeutlicht wird (2 plus 6, von 3 bis 6), und nicht mit den ganzen Zahlen (20 + 60, 60 – 30) wie beim halbschriftlichen Rechnen. Ihr Kind kann deshalb die Addition und Subtraktion durchführen, ohne eine genaue Vorstellung davon zu haben, welche Operationen es durchführt und welche Größenordnung die Zahlen haben. Es muss auch nicht wissen, was die Merkzahl (1) bedeutet (z. B. bei dreistelligen Zahlen an der dritten Stelle 100 und nicht etwa 10).

Wegen dieses Rechnens mit den Ziffern der Zahlen ist es nicht sinnvoll, wenn Kinder mit RS mit dem schriftlichen Verfahren zu früh beginnen. Es verführt zu mechanischem Rechnen und verhindert das Verstehen der Rechengesetze. Es gibt allerdings Vertretet mit der Ansicht, Kindern mit RS bereits in der 2. Klasse das schriftliche Rechenverfahren »als Rettungsanker« anzubieten. Für das Verständnis der Zahlen und Rechenoperationen sollte aber erst das halbschriftliche Rechnen beherrscht werden.

Schriftliche Addition und Subtraktion im Zahlenraum bis 1 Million

Die schriftliche Addition und Subtraktion mit größeren Zahlen wird vor allem ab der 3. Klasse in der Grundschule verwendet.

Die Durchführung dieser Verfahren unterscheidet sich im Prinzip nicht von der eben beschriebenen im Hunderterraum. Insbesondere kann bei der Subtraktion das Ergänzungsverfahren mit der Erweiterungstechnik ohne Weiteres auf die größere Stellenzahl ausgedehnt werden. Auch die Sprechweise bleibt prinzipiell unverändert.

Beispiel: Schriftliche Addition eines Schülers mit Rechenschwierigkeiten

692	485	298
+ 319 (Überträge: 1 1)	+ 279 (Überträge: 1 1)	+ 436 (Überträge: 1 1)
1611	754	734

In dieser Aufgabe einer Klassenarbeit, die mit 5 benotet wurde, hatte der Schüler nur eine von drei Aufgaben der schriftlichen Addition richtig.

Obwohl es für die schriftliche Addition kein vorgeschriebenes Verfahren gibt, haben sich in der schulischen Praxis nach meinem Wissen die im Folgenden beschriebene Schreib- und Sprechweise durchgesetzt. Im Gegensatz dazu kann es zur schriftlichen Subtraktion in den Rahmenplänen der Länder unterschiedliche Rechenvorschriften geben.

Auch im größeren Zahlenraum fällt die schriftliche Addition ohne Übertrag (365 + 114) den Kindern viel leichter als die

	H	Z	E
	3	6	5
+	1_1	5_1	7
	5	2	2

mit Übertrag (365 + 157). Letztere kann durch stellengerechte Schreibweise in einer Stellentafel auch gut verdeutlicht werden.

Hierbei werden zunächst die Einer addiert: 7 E + 5 E = 12 E, die 2 E in die Einerstelle geschrieben und der verbleibende Zehner als Merkzahl (1) notiert (Sprechweise: 5 plus 7 ist 12, 2 hinschreiben und 1 merken). Dann werden die fünf Zehner mit der Merkzahl addiert: 5 Z + 1 Z = 6 Z, und die sechs Zehner hinzugefügt 6 Z + 6 Z = 12 Z, danach werden die 2 Z in die Zehnerstelle geschrieben und die 10 Z = 1 H als Merkzahl (1) in die Hunderterstelle notiert (Sprechweise: 5 plus 1 ist 6, 6 plus 6 ist 12, 2 hinschreiben und 1 merken). Schließlich wird der eine Hunderter mit der Merkzahl addiert: 1 H + 1 H, die drei Hunderter hinzugefügt: 2 H + 3 H = 5 H, sowie das Ergebnis notiert (Sprechweise: 1 plus 1 ist 2, 2 plus 3 ist 5, 5 hinschreiben).

Auch diese schriftliche Addition mit dreistelligen Zahlen 365 + 157 kann mit Geld gut veranschaulicht werden.